KB253678

표트르 대제

강력한 추진력으로 러시아를 일으키다

차례
Contents

고립된 러시아

　만약에 표트르 대제가 없었다면 오늘날 러시아는 어떻게 되었을까? 아니 유럽의 전체 판도는 어떻게 바뀌었을까? 역사에 가정은 없다지만, 한 번쯤 생각해 보게 되는 질문이다. 그만큼 표트르의 개혁과 그 여파는 러시아 역사와 유럽사 전반에 선명한 자국을 남겼기 때문이다. 표트르는 당시 북유럽 최강이었던 스웨덴과 전쟁을 벌여 승리함으로써 러시아의 옛 영토를 수복했고, 나아가 스웨덴이 장악하고 있던 발트 지역을 차지했다. 그는 러시아 군대를 근대화하고 러시아 최초의 함대를 건설하여 러시아를 유럽의 열강 속에 편입시켰다. 그는 우랄 지역에 제철 산업을 일으켜 국가 경제의 토대를 닦았고, 직접 서유럽 국가들을 여행하며 선진 문물을 공부하고 그것을 러시아에 이식했다. 또한 그는 인적도 드문 네바 강의 소택지에 ‘유럽을 향해 열린 창’ 페테르부르크를 건설했으니, 그에게 표트르 대제라는 칭호가 조금도 아깝지 않다.

그러나 다른 한편으로 표트르는 모든 농민들을 농노의 범주에 편입시킴으로써 농노제를 강화시켜, 19세기 러시아의 양심적인 지식인들이 농노제하에서 신음하는 농민들을 보며 고뇌하게 했다. 또한 표트르는 자신의 감정과 가치관을 위해 아내와 아들마저 버린 매정한 사람이었다. 그리고 러시아 전통과 당대인의 정서를 무시하고, 서유럽의 생활 방식을 강제로 도입하여, 수대에 걸쳐 전통을 지키며 살아온 사람들에게 압제자요, 심지어 적그리스도로 인식되었다. 이렇게 표트르 대제에게는 위대한 결단력과 추진력, 그리고 편협한 독단성과 잔인함이 함께 하고 있다. 따라서 표트르를 이해하기 위해서는 그가 추진했던 개혁뿐만 아니라, 그가 살았던 당대의 상황과 개인적 심성을 종합하는 균형 잡힌 시각이 필요하다.

표트르가 태어난 17세기 말의 러시아는 지리적으로 유럽에 속해 있었지만, 근대 유럽의 전반적인 발전 과정에서 소외되어 있었다. 러시아 국가의 모태인 모스크바 공국은 1240년부터 1480년까지 오랜 몽골의 지배 과정에서 몽골에 협조함으로써 성장할 수 있었으며, 마침내 불패를 자랑하던 몽골군을 물리치고 몽골 세력으로부터 독립했다. 그러나 러시아 제국의 기초를 마련한 모스크바 국가는 내륙 깊숙이 자리 잡고 있어 정치·경제·문화적으로 지엽적이었고, 동방적인 요소가 강했다. 물론 동방적이라는 것이 후진성의 잣대가 될 수는 없지만, 근대화라는 측면에서 러시아가 서유럽의 다른 국가들에 비해 상대적으로 뒤처져 있었던 것은 사실이다. 더욱이 유럽 열강에 인접하여 지속적으로 군사적인 위협을 겪어야 했던 러시아의 입장에서는 동방 문명의 매력적인 요소들도 필요했지만, 서구식의 경제 발전과 국가 건설이 자국의 안위를 보장하고, 사회를 발전시켜 나갈 수 있는 중요한 방편으로 보였다.

표트르가 러시아의 차르에 올랐던 17세기 말에 서유럽은 일련의 근대화 과정을 겪고 있었다. 영국, 프랑스, 네덜란드를 중심으로 근대국가가 발전하고 있었고, 뉴턴의 만유인력 법칙으로 대변되는 17세기 과학혁명이 한창이었으며, 이미 지리상의 발견을 통해 서유럽 열강의 군함과 상선들이 아시아, 아프리카, 아메리카까지 그야말로 북반구 전 지역을 무대로 항해하고 있었던 것이다. 그리고 서유럽 열강들은 일찌감치 러시아의 문을 두드리기 시작했다. 포르투갈에게 아시아 진출의 선두를 빼앗긴 영국인들은 저 멀리 북쪽의 바다를 통해 아시아로 가는 항로를 찾고자 항해하던 도중에 폭풍을 만나 난파했고, 그 가운데 선장 리차드 챈슬러는 구사일생으로 백해 가까이에 위치한 니콜라이 수도원 인근에 도착할 수 있었다. 챈슬러는 당시 모스크바 국가의 차르였던 이반 4세를 알현하게 되었고, 모스크바 국가와 국교를 수립하고, 무역 관계를 확대했다. 이후 챈슬러가 도착했던 니콜라이 수도원 인근에 아르한겔스크라는 북방 항구가 건설되어 모스크바 국가와 영국 사이의 해외 무역을 주도했다. 이어서 16~17세기에 유럽의 무역 강국이었던 네덜란드 역시 이에 질세라 러시아로 들어와 교역을 확대하면서 서구의 근대 문물을 선보였다. 이후 많은 서유럽인들이 러시아에 들어와 사업을 하기도 하고, 러시아 정부의 자문가로 일하면서 러시아인들에게 서구 문물을 소개했고, 그들의 호기심을 자극했다.

그러나 러시아인들이 서유럽에 대해 관심을 갖게 된 것은 단순히 서구 문물의 진기함 때문만은 아니었다. 러시아인들을 서구로 끌리게 한 것은 무엇보다 서유럽의 은화였다. 서유럽은 이미 16세기에 아메리카를 침략하여 수백 년 동안 축적된 막대한 양의 귀금속을 약탈했다. 이러한 귀금속이 소위 말하는 '가격혁명'을 가져와, 서유럽의 물가 수준을 폭등하게 만들었다. 즉, 서유럽에서는 화폐의 재료인 금과 은이 풍부해서 농산물이나 공산품 가격이 비쌀 수밖에 없었고, 반대로 귀금속이 부족했던 러시아에서는 상품 가격이 매우 저렴했다. 즉, 서유럽은 풍부한 귀금속 화폐를 가지고 러시아 농산품을 저렴하게 사들일 수 있었고, 러시아는 자신의 광대한 영토에서 생산되는 농산물을 서유럽인들에게 훨씬 비싼 가격에 팔 수 있었던 것이다. 이렇게 서유럽의 은화는 러시아인들이 서구와 접촉하기를 원했던 결정적인 동기였다.[1] 러시아의 화폐 박물관에 전시된 당시의 화폐를 보면 상황을 이해하기 쉬울 것이다. 서유럽인들이 발트 무역에 사용했던 네덜란드 은화인 탈러화는 작은 메달 정도의 크기였는데, 러시아에서는 손톱만큼 얇고, 작은 은 조각도 너무 큰 가치를 가지고 있어서 이를 잘라서 사용했던 것이다. 이렇게 17세기 말에 러시아인들은 서유럽의 은화에 직접적인 자극을 받았고, 또한 서구의 신식 문물에 호기심을 갖게 되었다.

그러나 표트르가 발트 해 연안에 페테르부르크를 건설하기까지 러시아인들은 단지 국내에 들어와 있는 외국인들을 통해서만 서구와 접촉할 수 있었다. 당시 러시아 남쪽에서는 오스만튀르크가 흑해를 호령하고 있었고, 북쪽에서는 스웨덴이 발트 해를 장악하고 있어 러시아인들은 바다를 통해 서유럽과 직접 교역을 할 수 없었다. 이러한 상황은 오늘날의 러시아 지도를 보면 쉽게 이해할 수 있다. 러시아 구석구석을 흐르는 돈 강과 드네프르 강이 흑해로 이어지지만 흑해를 건너 지중해로 가기 위해서는 반드시 터키의 영해를 통과해야 한다. 또한 볼가 강과 드네프르 강과 연결되는 네바 강이 발트 해로 흐르지만, 발트 해 너머 북해로 가기 위해서는 스웨덴의 영역을 지나야 한다. 단지 백해에 면한 아르한겔스크 항구만이 유일한 대서구 무역항이었다. 그러나 북위 64도에 위치한 아르한겔스크는 겨울이 너무 길었고, 스칸디나비아 반도를 북쪽으로 돌아가야 하는 험한 항해 조건 때문에 거대한 영토를 가진 러시아국가가 서구와 교류하는 데 충분한 역할을 할 수 없었다. 결국 러시아가 서구와 접촉하기 위해서는 남쪽의 오스만튀르크와 싸워서 흑해 항로를 열든지, 아니면 북쪽의 스웨덴을 무찌르고 발트 해 항로를 열든지 양자택일을 해야 했다.

어린 시절의 기억

1672년 5월 30일 모스크바 크레믈린 성당의 종소리가 아침의 정적을 깨뜨리며, 시내로 울려 퍼졌다. 이 종소리를 따라 모스크바 시내의 교회와 수도원의 종들이 일제히 따라 울렸고, 이러한 종들의 합창은 모스크바의 봄날 하루를 수놓았다. 당시 러시아에서는 이러한 의식을 통해 차르 가문에 새로운 생명이 탄생했음을 알렸다. 다름 아니라 차르 알렉세이 로마노프와 왕비 나탈리야 나르이쉬키나 사이에서 건강한 사내아이가 태어난 것이다. 바로 이 아이가 표트르였고, 훗날 스웨덴을 무찌르고, 페테르부르크를 건설하고, 러시아 국가를 대대적으로 개혁할 러시아 최초의 황제였다.[2] 당시 로마노프 황실의 자손들은 대개 병약하고, 소심한 경우가 많았는데, 표트르는 예외였다. 그는 건강하고, 활동적이었고, 열정적인 성격을 가졌다. 더욱이 그의 큰 키는 주변 사람들을 압도했던 것 같다. 표트르의 정확한 키는 알 수 없다. '표트르 박물관'에서는 그의 키가 2미터 5센티미터라고 홍보하고 있고, 표트르에 관한 많은 문헌에서 그를 2미터가 넘는 장신으로 묘사하지만, 이것은 추정일 뿐 확실한 것은 아니다. 당대의 기준으로 표트르는 키가 큰 편이었던 것 같으나, 표트르의 신장은 그의 강한 카리스마 때문에 더욱 과장되는 경향이 있다.

표트르의 어린 시절은 평탄하지만은 않았다. 표트르의 아버지인 차르 알렉세이는 마리야 밀로슬라브스카야와 결혼하여 13명의 아이를 낳았고, 그 가운데 두 아들 표도르와 이반이 왕위를 계승할 권한을 가지고 있었으나, 둘 다 병약했고, 더욱이 신체장애를 가지고 있었다. 반면 딸 소피야는 남자로 태어났다면 큰일을 하고도 남을 여걸이었지만, 여자라서 왕위에 오를 수는 없었다. 알렉세이는 첫 번째 아내 마리야가 죽고 나서 나탈리야 나르이쉬키나와 재혼을 했고, 여기서 표트르가 태어났다. 그리고 차르 알렉세이가 죽은 후에 큰 아들인 표도르가 왕위를 계승했다. 표도르가 건강하여 아들을 낳았다면 표트르는 영원히 권력에서 멀어졌겠지만, 이복형 표도르는 상속자를 남기지 못하고 죽었다. 이제 러시아의 차르 가문에서 남은 아들은 이반과 표트르뿐이었다. 당시에는 구체적인 왕위 계승 법률이 없었기 때문에 결국 두 명의 왕비 가문, 즉 이반 왕자를 배출한 밀로슬라브스키 가문과 표트르를 배출한 나르이쉬킨 가문 가운데 승리하는 쪽이 러시아의 차르가 될 수 있었다. 결국 1613년 로마노프 왕조를 세우는 데 결정적인 역할을 했던 '전국회의'3)에서 표트르를 새로운 차르로 추대했고, 표트르가 제위에 오르게 됨으로써, 일단 나르이쉬킨 가문이 승리하는 것처럼 보였다. 그러나 표트르의 이복 누나인 소피야는 유능하고, 강인했으며, 또한 야심만만한 위인이었다. 그녀는 당시 모스크바를 경비하던 스트렐츠이라는 소총 부대를 사주하여 나르이쉬킨 가문을 제거하고, 동생 이반을 표트르와 함께 공동 차르로 선포했고, 자신은 섭정으로서 실질적인 통치권을 행사했다. 당연히 이러한 궁정 내의 권력 투쟁은 피바람을 몰고 왔으며, 당시 만 열 살이었던 표트르는 이 모든 것을 똑똑히 목격했다.

표트르는 위대한 개혁가였지만, 잔인한 측면도 많았다. 반역자들을 처단할 때 본인이 직접 고문을 가하기도 했고, 대신들과의 술자리에서도 이성을 잃고 칼을 뽑아 드는 일도 있었다. 이러한 표트르의 잔혹함은 그가 어린 시절에 겪었던 궁정 내의 반역 사건들과 무관하지 않다. 스트렐츠이 병사들은 나르이쉬킨 가문 사람들이 이반 왕자를 죽였다는 헛소문에 흥분하여 크레믈린 궁으로 난입했고, 지휘관들을 폭행하고, 나르이쉬킨 가문과 친한 스트렐츠이 사령관인 마트베에브를 찾아 나섰다. 마트베에브는 연회장의 대기실에서 왕비 나탈리야와 이야기하고 있었는데, 그녀의 옆에는 어린 표트르와 이반이 잔뜩 겁을 먹고 서 있었다. 스트렐츠이 폭도들은 이반이 살아 있다는 것을 확인했지만, 흥분을 주체 못하고 결국 마트베에브를 끌어내 표트르가 보는 앞에서 잔인하게 죽이고 말았다. 사령관까지 살해한 폭도들은 더욱 흥분하여 궁정 곳곳을 누비며 수상한 사람들을 닥치는 대로 죽이는 피의 향연을 벌였다. 그리고 끝내는 당시 상당한 권력을 행사하고 있던 표트르의 외삼촌 이반 나르이쉬킨을 잡아 잔인한 고문과 함께 난도질하여 죽였다. 만 열 살의 나이에 표트르는 이러한 피비린내 나는 살육의 현장을 목격했으며, 이러한 경험은 표트르의 심성에 중요한 영향을 미쳤을 것이다. 합리적이면서도, 때로는 잔인하고, 저돌적인 표트르의 성품은 이러한 어린 시절의 기억과 무관하지 않다. 표트르는 커서도 유난히 반대 세력을 싫어했으며, 그들을 포용하기보다는, 그들을 제거함으로써 문제를 해결하려고 했다. 한편 궁정 쿠데타는 표트르에게 증오심만 심어 준 것은 아니었다. 궁정의 무질서와 대신들의 무능함은 어린 표트르에게 미래의 개혁에 대한 어떤 신념을 불어 넣었다.

스트렐츠이의 반란으로 모스크바의 권력 구도는 바뀌었다. 이제 스트렐츠이의 지원을 받는 표트르의 이복 누이 소피야가 모스크바의 실질적인 권력자로 부상했다. 그리고 표트르의 어머니 가문인 나르이쉬킨 가문은 정치의 전면에서 배제되었고, 소피야의 어머니 가문인 밀로슬라브스키 가문 사람들이 권력의 핵심에 배치되었다. 이렇게 해서 표트르는 사면초가에 놓이게 되었으나, 운 좋게도 자신의 왕위를 유지할 수는 있었다.

소피야는 정당한 절차에 의해 차르에 오른 표트르를 함부로 제거할 수는 없었고, 더욱이 큰 혼란이 휩쓸고 간 상황에서 또다시 차르를 폐위시키는 것은 정치적으로 큰 부담이었다. 그리고 무엇보다 당찬 성격의 소피야는 어린 표트르를 너무 얕보았던 것 같다. 덕분에 표트르는 차르의 신분을 유지한 채 모스크바 인근의 왕실 영지인 프레오브라젠스크 마을에서 모든 것을 잊은 양 주변의 귀족 자제들을 모아 전쟁놀이에 몰두하며, 또한 외국인 촌에 들려 외국인들과 어울리며 활기차게 자라났다. 그리고 이때 만난 외국인들을 통해 표트르는 서구 문물에 대해 깊은 관심을 가지게 되었고, 향후 추진하게 될 수많은 국가 및 사회 개혁에 필요한 지적·인적 기반을 얻을 수 있었다.

17세기 동안 러시아에는 서유럽에서 온 사람들이 점차 늘어났다. 이미 영국·네덜란드·독일 상인들은 러시아 내부에 거주하며 무역을 수행할 수 있었고, 또한 군사·조선·건축에 관한 서유럽의 전문가들이 러시아 왕실에 중책을 맡아 일하기도 했다. 이들은 모스크바 근교의 외국인 타운에 모여 살았고, 어린 표트르는 이들과 어울리기를 좋아했으며, 이들을 통해 서구의 여러 문물들을 접하게 되었고, 특히 선박에 대한 열정을 키워갈 수 있었다. 잠시라도 호기심을 주체 못하는 표트르가 왕실 영지의 한 창고에서 오래된 낡은 선박을 발견한 것은 러시아 함대 역사의 시초라 할 만큼 역사적 사건이었다. 표트르는 외국인 친구에게 수리를 부탁하여 그 낡은 선박을 야우자

강에 띄워 항해에 성공했고, 나아가 당시 러시아 유일의 항구였던 아르한겔스크에서 새로운 선박을 건조해 바다로 나아가, 최초의 대양 항해로까지 발전시켰다. 어린 표트르는 프레오브라젠스크 마을에 거주하면서 귀족과 평민 자제들을 모아 전쟁놀이를 즐겼는데, 이 모임이 성장해서 후에 황실 친위대인 프레오브라젠스크 연대와 세묘노브스크 연대가 되었다.

당시 섭정으로 있던 이복 누이 소피야는 표트르의 전쟁놀이를 대수롭지 않게 생각하고 크레믈린 병기고의 무기를 내주는 등 도움을 주기까지 했다. 처음에 동네 아이들의 전쟁놀이로 시작했던 모임이 훈련을 거듭하며 좀 더 어려운 군사 과제들을 수행하게 되었는데, 이때 군사 지식과 경험을 겸비한 외국인 참모들이 필요했다. 외국인 참모들은 요새를 축조하고, 성을 공격하는 일에 능했으며, 이들은 실제로 어린 표트르가 창설한 친위 연대의 장교로 근무하게 되었다. 이 두 연대는 표트르가 직접 창설한 친위 부대라는 자부심을 가지고 있었고, 1917년 혁명으로 제정 러시아가 종말을 맞이할 때까지 유지되었다.

외국인들과의 만남은 표트르가 겪었던 궁정의 잔혹했던 사건들을 잠시 잊게 해 줄 만큼 즐거운 것이었다. 표트르는 격식에 얽매이지 않고, 자유분방한 외국인들을 좋아했다. 외국인들과의 만남이 표트르를 더욱 자유분방하게 만들었지만, 표트르의 본성이 자유분방한 측면도 있었다. 표트르의 어머니 나탈리야 역시 러시아 전통 귀족 출신이 아니었으며, 비교적 자유롭게 자란 탓에 자유분방한 모습이 있었다. 그녀는 황후가 되어 마차를 타고 다닐 때도 커튼을 걷고 다닐 정도로 형식적인 것을 싫어했다. 그리고 자연스럽게 표트르도 어머니의 그러한 성격을 물려받았던 것이다. 아무튼 표트르는 외국인들과 어울리면서 밤새 술을 마시고, 담배를 피우며 대화를 나누었으며, 서양에 관한 수많은 이야기들을 접할 수 있었다. 그러나 때로는 그러한 자유로움이 지나쳐서 타국에서 생활하는 이방인의 방식대로 주먹다짐에도 끼어들고, 자유연애도 즐기면서 표트르는 전통적인 러시아 왕가의 분위기와 점점 멀어졌다.

표트르의 어머니 나탈리야는 어린 표트르가 이렇게 밖에서 시간을 보내며, 외국인들과 어울리는 것이 못마땅했다. 사실 표트르는 차르였지만, 불안한 위치에 있었다. 당시 섭정으로 있던 이복 누이 소피아는 실질적인 권력을 쥐고 있었고, 본인이 차르가 될 야심을 가지고 있었다. 공동 차르로 선포된 이복형 이반 5세는 표트르와 사이가 좋은 편이었고, 정치에 관심이 없는 사람이었지만, 만약 그에게서 아들이 태어난다면 사태는 표트르에게 매우 불리할 수도 있었다. 표트르에게는 다행히도 이반 형은 딸을 둘 낳았을 뿐 아들을 얻지 못했다. 이러한 상황에서 표트르의 어머니 나탈리야는 표트르를 하루빨리 결혼시켜 아들을 갖게 하기를 원했다. 건강하고, 활기찬 표트르가 아들을 갖게 된다면, 그의 입지는 더욱 탄탄해질 것이기 때문이었다. 또한 어머니인 나탈리야의 입장에서는 표트르가 결혼하여 아버지가 된다면 마음을 잡고, 밖으로만 돌아다

니며, 위험한 행동을 일삼는 것을 그만두게 될 것이라는 계산
도 있었다. 그래서 나탈리야는 표트르에게 결혼을 권유했고,
표트르는 아직 결혼 자체에 관심이 없었지만, 어머니 하자는
대로 따랐다. 모스크바 국가의 전통에 따라 차르를 위한 신부
간택령이 내려졌고, 나탈리야는 많은 후보들 가운데 러시아
전통 귀족 가문 출신인 예브도키야를 선택했다.

예브도키야는 표트르보다 세 살 연상이었고, 전형적인 러시
아 규수로서 당시 러시아의 관습대로 서구 교육을 받지 않고,
정교회적 분위기 속에서 성장한 신앙이 독실한 처자였다. 표
트르와 예브도키야는 1689년에 결혼식을 올리고 부부가 되었
다. 그러나 둘의 결합은 두 사람 모두를 위해 바람직하지 못했
다. 차르라는 막강한 신분을 가지고 하고 싶은 것은 모두 해야
하며, 가지고 싶은 것들을 모두 가지며 엄격한 궁중에서 벗어
나 외국인과 어울려 막 자라난 표트르와 전통적인 귀족 집안
에서 바깥출입도 자제하며 엄격한 가정교육을 받으며 자란 예
브도키야는 처음부터 어울리지 않는 상대였다. 예브도키야는
표트르의 마음을 잡기 위해 무던히 애를 썼지만, 그녀는 남편
의 마음을 사로잡을 능력이 없었다. 단지 초기의 의무적인 부
부 생활로 두 명의 아들을 낳았고, 그중에 큰아들 알렉세이만
살아남아 후에 비극의 주인공이 되어, 남편의 사랑을 잃은 예
브도키야의 큰 슬픔이 되었다.

표트르가 건장한 청년으로 성장해 가면서 섭정을 통해 권
력을 행사하고 있던 소피야의 입지는 점점 불안해졌다. 소피

표트르의 이복 누이 소피야의 모습.

야는 스트렐츠이의 반란을 계기로 부상하여 약 7년간 크레믈린의 주인 행세를 했다. 그녀는 당시 모스크바의 관습에서는 드물게 여성으로서 탁월한 정치력을 발휘하여, 권력을 유지할 수 있었고, 1686년부터 모든 공식 문서에 군주라는 칭호를 사용하며, 두 명의 공동 차르인 이반과 표트르와 똑같은 대우를 받았다. 그러나 그녀는 자신이 차르의 대관식을 치르지 못했기 때문에 궁극적으로는 불안한 위치에 있음을 성확히 알고 있었다. 다만 그녀는 전쟁놀이나 하고, 배 만드는 일에 열중했던 어린 표트르를 너무 과소평가하고 있었다.

한편 표트르는 몸과 마음이 성장하면서 점점 자신의 권력을 의식하기 시작했고, 이복 누이인 소피야와 측근 세력들의 행동이 못마땅해졌다. 표트르는 먼저 소피야의 총신이었던 바실리 골리츠인 장군에게 적의를 드러냈다. 바실리 골리츠인이 수행한 두 차례의 크림 원정이 모두 실패로 끝났지만, 소피야는 그를 개선장군으로 맞이했다. 그리고 이를 못마땅하게 여긴 표트르는 골리츠인이 자신에게 예를 표하기 위해 다가왔을 때 그를 만나는 것을 거부함으로써 골리츠인을 모욕했고, 나아가 골리츠인의 주군이었던 소피야에게 정면으로 도전했다. 더욱이 표트르는 국가 의식에서도 소피야가 이반과 표트르 두 차르의 행렬에 참여하려는 것을 막아섰다. 이제 표트르와 소피야를 중심으로 하는 두 세력 간의 싸움은 불가피해졌고, 나약한 이반은 이러한 사태에서 큰 변수로 작용할 수 없었다. 과거 크레믈린에서 벌어졌던 권력 투쟁에서 표트르는 열 살의 나이로 스트렐츠이를 앞세운 소피야를 직접 상대할 수 없었지만, 이제 십대 중반에 접어든 표트르는 소피야가 만만히 상대할 인물이 아니었다. 표트르에게는 타고난 결단력이 있었고, 어린아이들 장난 같이 보이던 전쟁놀이를 통해 자신의 친위 부대를 양성했던 것이다.

초기에 표트르와 소피야 사이의 싸움은 누가 승리할지 알 수 없는 숨 막히는 대결이어서 러시아의 귀족들과 스트렐츠이 장교들도 섣불리 어느 한편에 서지 못하고 눈치를 살필 정도였다. 소피야는 크레믈린에서 스트렐츠이를 중심으로 자신의 지지 세력을 모아 표트르를 압박하려 했고, 표트르는 트로이체 세르기예프 수도원에 은둔하면서 자신의 친위 부대인 프레오브라젠스크 연대 등을 중심으로 지지 세력을 결집했다. 크레믈린은 전 러시아의 군주인 차르를 보호하는 강력한 요새여서 표트르의 세력이 이를 함락시키는 것은 불가능했고, 트로이체 수도원 역시 반란이나 다른 위기의 상황으로 피신한 군주를 보호한 전통을 가진 난공불락의 요새였다. 따라서 표트르와 소피야의 대결은 지지 세력을 결집하여 대세가 어디에 있는지를 보여 주는 정치력과 명분의 싸움이었다. 표트르는 대관식을 치른 엄연한 차르였기 때문에 소피야는 명분에 있어서 약했지만, 그동안 국가를 실제로 통치하면서 만든 자신의 지지 기반이 있었고, 또한 표트르와 똑같이 차르로 선포된 친동생 이반이 크레믈린에 있었기 때문에 양자 모두 정통성을 주장할 수 있었다.

표트르는 침착했고 또한 단호했다. 그는 안전한 트로이체 수도원의 요새 안에서 차르로서 칙령을 발하기 시작했다. 그는 스트렐츠이 부대의 핵심 지휘관인 이반 치클레르에게 부하를 대동하고 트로이체 수도원으로 오라고 명령했고, 이어서 모든 스트렐츠이 지휘관들에게 부하 열 명씩을 데리고 트로이체 요새로 오도록 칙령을 발했다. 스트렐츠이 지휘관들의 입장은 매우 곤란했다. 엄연한 러시아의 차르인 표트르의 명령을 거부할 명분이 없었기 때문이다. 군 지휘관이 차르의 공식 명령을 수행하지 않는 것은 반역을 의미하는 것이었다. 그러나 상황이 어떻게 전개될지 모르는 상황에서 무작정 표트르에게 갈 수도 없는 노릇이었다. 이러한 상황에서 러시아 정교회의 대주교인 이오아킴이 표트르의 편에 서면서 점차 분위기가 표트르 쪽으로 기울기 시작했다. 표트르는 이러한 분위기 변화를 정확히 읽었고, 여세를 몰아 다시 모든 스트렐츠이 지휘관들에게 열 명의 부하를 데리고 트로이체 수도원으로 출두할 것이며, 명령을 수행하지 않을 경우에는 사형에 처할 것이라는 칙령을 발했다. 지휘관들은 동요할 수밖에 없었고, 결국 대세는 표트르에게 넘어갔다.

또한 표트르는 외국인 용병들에게 칙령을 발하여 모든 지휘관과 병사들이 완전 무장을 하고 트로이체 수도원으로 오도록 명했다. 이러한 표트르의 명령은 안 그래도 표트르에게 유리하게 넘어가는 상황에 쐐기를 박는 결과를 가져왔다. 표트르의 칙령은 그동안 중립을 택하고 있던 외국인 용병들에게 선택을 강요한 것이었고, 표트르 쪽으로 대세가 넘어간 상황에서 용병들은 그의 명령에 따를 수밖에 없었던 것이다. 외국인 용병의 총사령관이었던 스코틀랜드 출신의 패트릭 고든(Patrick Gordon) 장군은 군대를 이끌고 트로이체 수도원으로 갔고, 이로써 표트르와 소피야의 대결은 표트르의 승리로 끝이 났다. 그리고 소피야의 섭정도 끝났다. 그녀는 모스크바의 노보데비치 수도원에 유배되었고, 그녀의 측근들은 잔혹한 처벌을 받았다. 표트르는 여전히 이복형 이반과 공동 차르로 있었지만, 그의 실제적인 권력은 탄탄해졌다.

그러나 소피야 세력을 몰아낸 후에도 표트르는 한동안 정치에 관심을 보이지 않았다. 그는 국가 통치를 어머니인 나탈리야에게 맡겨 놓고, 자기는 외국인 거주지에서 외국인들과 어울리며, 마음껏 하고 싶은 일들을 하면서 살았다. 1694년에 어머니가 죽고 나서야 그는 본격적으로 러시아를 통치하기 시작했다. 그가 직접 러시아를 통치하기까지는 오랜 시간이 걸렸지만, 일단 통치권을 쥐자 그 추진력은 표트르 자신도 통제하기 어려울 정도였다. 이제 러시아는 전국을 돌아다니며, 직접 힘든 노동을 마다하지 않고, 세세한 것에까지 관심을 쏟는 열정적인 군주를 가지게 되었다. 그는 누구든지 실력과 경험을 쌓기 전까지는 제일 밑에서부터 시작해야 한다는 원칙을 가지고 있었으며, 특별한 능력이 없는 경우에는 아무리 명문 출신이라 해도 중책을 맡기지 않았다. 그리고 차르인 본인 스스로가 모범을 보임으로써 다른 귀족들이 따라 올 수밖에 없는 분위기를 조성했다. 그는 차르였지만, 군대 내에서 최말단부터 시작했으며, 합당한 공로를 세우고 승진하여 최고 지휘관의 자리에 올랐다. 그가 나중에 아조프 원정을 다녀와 모스크바에서 개선 행군을 벌일 때 행렬의 맨 앞에 서서 말단 병사로서 북을 치며 행군한 것은 너무나 유명한 일화이다. 또한 요새를 건설할 때에도 직접 삽을 들고 땅을 파는 모습은 다른 귀족들이 신분을 내세워 특혜를 받으려는 생각을 접게 하는 가장 확실한 방법이었다. 차르가 힘든 노동을 마다 않고 선두에 서는데 어떤 귀족인들 따르지 않을 수 있겠는가?

북방전쟁과 발트 항구

표트르의 통치와 개혁을 말할 때 1700년부터 1721년까지 스웨덴과 벌인 북방전쟁을 빼놓을 수는 없다. 북방전쟁이야말로 표트르의 광범위한 개혁들이 가능하게 했던 배경이자 원동력이었다. 당시 북유럽의 강대국이었던 스웨덴과 싸워 승리하기 위해서는 대대적인 개혁이 필요했고, 또한 전쟁 초기의 패배로 인한 절박한 상황은 표트르의 극단적인 개혁이 가능하게 한 힘이었던 것이다. 즉, 러시아 국가의 사활이 걸린 대전쟁의 상황 속에서 표트르는 강도 높은 개혁을 실행할 명분을 얻을 수 있었고, 그러한 개혁에 필요한 재원을 마련할 수 있었다.

전통적으로 러시아는 세 가지 방위상의 문제를 가지고 있었다. 북쪽에서 문제가 되었던 것이 스웨덴 세력이었고, 서쪽에서는 폴란드 국가가 전래의 숙적으로 자리 잡고 있었다. 또한 남쪽의 문제는 15세기 이후 흑해의 주인이었던 오스만튀르크였다. 이 세 강대국에 둘러싸여 러시아는 서유럽과의 접촉이 원활할 수 없었고, 자국의 국경 지역 역시 위협을 받는 상황이었다. 폴란드는 한때 모스크바를 점령한 경력이 있었으며, 스웨덴의 바이킹은 고대부터 러시아를 침입한 오랜 숙적이었고, 오스만튀르크와 몽골의 잔재였던 크림 한은 러시아의 남부 국경 지대를 끊임없이 침략하여 러시아인들을 노예로 잡아갔다.

표트르는 이러한 상황을 타개하기 위해 먼저 아조프 원정을 감행했다. 당시 러시아가 흑해로 진출하기 위해서는 아조프 해를 거쳐야 했는데, 그곳에는 오스만튀르크의 요새가 가로막고 있었던 것이다. 표트르는 1695년에 아조프를 향해 출격하여 몸소 일개 포병이 되어 장약을 채워 대포를 쏘며 선전했으나, 준비 부족과 경험 부족으로 원정은 실패로 끝났다. 아마도 표트르의 위대함은 결코 굴복하지 않는다는 데에 있을 것이다. 그는 모스크바로 돌아와 패인을 면밀히 분석하여 대책을 세웠다. 지휘 체제를 일원화하여 총사령관을 임명했고, 참호를 구축할 외국인 공병들을 수입했으며, 아조프 요새를 공격하기 위해 결정적으로 필요했던 함대를 건설했다. 다음 번 봄에 다시 공격을 감행하기 위해서 이 모든 것을 약 5개월이라는 짧은 기간 내에 끝내야 했고, 이것은 불가능한 것처럼 보였지만 젊은 표트르는 특유의 열정으로 이 모든 것을 진두 지휘했다. 그리고 1796년에 다시 아조프 요새를 공격했고, 공병대와 함대의 도움으로 그리고 결정적으로 카자크인들[4)의 용맹으로 아조프 요새를 함락시키고, 그곳에 러시아 항구를 건설할 수 있었다. 이로써 러시아는 흑해로 뻗어 갈 수 있는 교두보를 마련한 것이다. 물론 아조프로 나가는 통로를 확보했다고 해서 러시아가 흑해로 진출할 수 있었던 것은 아니다. 아조프 너머에서 흑해를 장악하고 있던 오스만튀르크는 러시아가 단독으로 상대하기에는 너무 강했다. 표트르는 이러한 점을 잘 파악하고 있었으나, 그렇다고 포기할 성격도 아니었다. 그는 약관 스물넷의 청년 표트르였던 것이다.

표트르는 서유럽을 다니며 오스만튀르크에 대항할 연합 세력을 결집하고자 서구 사절단을 조직했고, 본인도 그 대열에 끼어 서구 여러 나라를 여행했다. 표트르의 서구 사절단은 러시아 역사뿐만 아니라 근대 어느 나라 역사에서도 찾아보기 어려운 독특한 사건이었다. 대제국의 군주가 자신의 신분을 숨기고, 사절단 일행에 섞여서 18개월 동안이나 유럽을 여행한다는 것을 누가 상상이나 할 수 있겠는가? 그는 또한 여행 중에 얼마나 위험한 행동을 감행했겠는가? 표트르는 성벽에 대한 호기심에 혼자 현재 라트비아의 수도인 리가의 성벽을 조사하다가, 경비병의 총에 맞을 뻔하기도 했다. 그러나 그는 이러한 위험을 겪고도, 주저하지 않고 유럽 도처를 돌아다니며 직접 서구의 문물을 배웠다.

표트르는 서구를 여행하면서 군사 조직, 성벽 축조, 석조 건축, 화폐 발행, 인쇄술, 해부학 등 다양한 분야에 관심을 보였지만, 무엇보다 선박을 만드는 일에 가장 많은 애정을 쏟았다. 심지어 네덜란드에 들렀을 때 표트르는 자신의 신분을 숨기고 직접 네덜란드 도시 자안담의 조선소와 고용 계약을 맺고, 목수로 일하기도 했다. 물론 그의 신분을 눈치챈 사람들의 지나친 관심으로 표트르가 선박 제조 기술을 배우는 일이 많은 방해를 받았지만, 그는 암스테르담 시장의 도움으로 네덜란드 동인도회사 조선소에서 도제가 될 수 있었다. 그리고 마침내 선박 제조 기술을 가르쳐 준 장인 게리트 폴(Gerrit Paul)로부터 수료증을 받고는 아이처럼 즐거워했다. 게리트의 서명이 들어간 수료증에는 표트르가 암스테르담 동인도 조선소에서 목수로 일했음을 증빙하고, 그가 부지런하고, 유능한 목수이며, 선박 설계와 제조 기술을 배웠다고 쓰여 있다. 조선소에서 일하면서도 표트르는 여느 황제에게서도 찾아볼 수 없는 소박함을 보였다. 그는 직접 연장통을 매고 출근했고, 그에게 존칭을 붙이는 것을 허용하지 않았으며, 그저 목수 표트르라고 불러주는 것을 좋아했다. 그는 게으름을 피우지 않았고, 다른 수련생들과 마찬가지로 목재를 날랐으며, 다른 인부들과 똑같은 식사를 했다. 표트르의 이러한 열정적이며, 부지런한 태도는 어느 지도자도 가지지 못한 최대의 장점이었다.

물론 표트르가 유럽의 작업장과 실험실만 보고 배운 것은 아니다. 그는 유럽 방문에서 러시아 제국의 차르로서 예외적인 특권을 누리며 유럽의 여러 왕실에서 준비한 국빈 만찬에 참여했고, 귀족들이 주최한 파티에도 기꺼이 참석했다. 또한 영국에 있을 때는 의회를 방문하여 회의 과정을 지켜보기도 했고, 영국 해군의 사열에도 참석했다. 또한 표트르는 많은 종교 지도자들을 만나 이야기를 나누며 국가와 종교 사이의 관계도 생각할 기회를 가졌고, 유럽의 외교가 어떻게 돌아가고 있는지도 체험할 수 있었다. 이렇게 표트르는 유럽 여행을 통해 서구 문물에 대해 더 많은 관심을 가지게 되었고, 특유의 호기심으로 서구 문물 하나하나를 관찰했다. 그러나 표트르와 그의 측근들이 러시아식 전통을 하루아침에 버릴 수는 없었다. 예를 들어 표트르는 연회에 초대를 받을 때면 매우 점잖게 행동했고, 러시아 차르의 고상함을 보여 주려고 애썼지만, 아마도 그러한 행위는 의무적인 성격이 강했다. 표트르와 측근들은 자신들이 주최하는 파티를 벌일 때면 여전히 러시아식으로 떠들썩하게 취하고, 난장판을 벌이는 술자리를 좋아해서, 유럽의 대주가로서의 명성을 확고히 남겨 놓았다. 표트르가 러시아로 돌아와서도 서구의 살롱을 본뜬 연회를 자주 개최했지만, 질펀하게 즐기는 러시아식 술 모임은 여전히 계속되었다. 또한 표트르의 서구 여행에서 분명히 드러나는 것은 그의 관심사가 문화나 예술 또는 사상 분야가 아니라, 국가 발전에 필요한 실용적인 서구 문물이었다는 것이다. 그는 긴 여행 속에서 서유럽 화가들의 그림이나, 서구의 음악 그리고 서구 사상가들에게는 그다지 관심을 보이지 않았다. 한마디로 표트르는 군사·기술·과학 등 실용 분야에서는 뛰어났지만, 인문·예술 분야에 대한 관심은 부족했다.

표트르는 18개월 동안의 서유럽 방문을 통해 많은 유럽 문물을 배우고, 우수한 유럽인들을 데려와 러시아를 근대화시키기 위한 기반을 확보할 수 있었다. 그러나 유럽 방문의 외교적 목적, 즉 오스만튀르크에 대항하는 연합 전선을 강화하는 것에는 실패했다. 당시 유럽은 프랑스의 힘이 막강해지면서, 오스만튀르크를 견제하는 것보다 프랑스를 견제하는 것이 각 유럽 황실의 주된 관심사였던 것이다. 그러나 표트르는 서유럽에서 귀국하는 길에 폴란드 왕 아우구스투스를 만나 스웨덴에 대항하는 새로운 전선을 확보할 수 있었다. 아우구스투스는 표트르에게 당시 발트 해 동부를 장악하고 있던 스웨덴을 공격할 것을 제안했고, 남부로 진출하는 것이 현실적으로 어렵다는 것을 깨닫게 된 표트르는 새로운 사업에 선뜻 뛰어들었다. 더욱이 당시 스웨덴에서는 칼 11세가 사망하고 칼 12세가 열다섯 살의 어린 나이로 왕위를 계승했다. 러시아의 입장에서 바다를 통해 서유럽과 이어질 수 있는 두 방향 가운데 남부 흑해로의 진출은 요원했지만, 북부 발트 해로의 진출 가능성이 남아 있었던 것이다. 표트르는 새로운 과제와 개혁에 대한 부푼 꿈을 가지고 러시아로 돌아왔다.

북방전쟁은 1700년부터 1721년까지 20년이 넘는 시간을 끌었으며, 표트르의 실제 통치 기간의 70퍼센트 이상을 차지할 만큼 중요한 사건이었다. 따라서 북방전쟁의 상황을 이해하지 못하고서 표트르의 개혁을 말하기는 곤란하다. 한마디로 스웨덴과의 전쟁은 표트르에게 새로운 도전이었다. 잠시라도 가만히 있지 못하는 성격의 소유자인 표트르는 무언가에 몰두해야만 했다. 그러나 그는 막연하거나, 추상적인 일에 몰두하지는 않았다. 그는 스웨덴과의 싸움에서 러시아의 새로운 비전을 보았으며, 전반적인 상황을 점검한 후 거기에 모든 것을 걸었다. 그리고 북방전쟁의 수행에서 지도자로서 표트르의 추진력은 절정에 달했다. 그는 전반적인 현실을 직시할 줄 알았고, 기회가 왔을 때 주저하는 법이 없었고, 자신이 결정한 것들을 신속히 추진했으며, 한번 결정한 것은 실패하더라도 포기하지 않았다.

표트르는 유럽 방문에서 돌아오자마자 대대적인 동원 명령을 내렸으며, 제철·무기·조선 등 전쟁에 필요한 기반 산업들을 육성했다. 그리고 표트르는 스웨덴에 대항하기 위해 폴란드, 덴마크, 삭소니아와 동맹을 맺었다. 모두 발트 해 동부 지역에 이해관계가 걸려 있는 국가들이었고, 스웨덴의 독주가 몹시 못마땅한 입장이었다. 표트르는 또한 전쟁을 시작하기 전에 남부 지역을 안전하게 하지 않으면 안 된다는 사실을 잘 알고 있었다. 당시 유럽 최강의 육군을 보유하고 있던 스웨덴과 대격전을 치르는 상황에서 오스만튀르크가 러시아 남부 지역을 공격한다면 러시아로서는 큰 위기에 봉착할 수 있었으며, 표트르는 자신의 목표를 달성할 수 없었을 것이다. 1700년 초에 동맹국인 폴란드와 덴마크가 먼저 스웨덴을 공격하기 시작했지만, 표트르는 성급하지 않았다. 그는 오스만튀르크에 특사를 파견하여 평화협정을 추진했고, 일이 생각보다 지연되었지만 끝까지 협정이 체결되기를 기다렸다. 1700년 7월에야 러시아와 오스만튀르크 사이에 30년간의 휴전협정이 조인되었고, 표트르는 이 소식을 듣고 나서야 스웨덴에 전쟁을 선포했다.

이렇게 해서 북방전쟁이라고 불리는 스웨덴과 러시아, 폴란드, 덴마크를 주축으로 하는 동맹국 사이의 전쟁이 시작되었다. 그런데 전쟁이 시작되고 얼마 지나지 않아 동맹국들은 스웨덴 왕 칼 12세를 너무 만만하게 보았다는 것을 알게 되었다. 칼 12세는 열다섯 살의 어린 나이에 스웨덴 왕위에 올랐고, 북방전쟁이 발발한 1700년에 열여덟 살에 불과했다. 어느 누구도 이 어린 왕이 주도력으로 큰 전쟁을 수행할 수 있으리라 생각하지 못했던 것이다. 그러나 칼 12세는 진정한 바이킹의 후예였다. 그는 왕이었지만 실제 전투에 임해서도 일반 병사들과 똑같이 최전선에서 앞장서서 싸우는 일을 마다하지 않는 용장이었다. 무엇보다 그는 살고, 죽는 것은 모두 예정되어 있다는 신념을 가지고 있었다. 바이킹 신화에서 스키르니르가 여행을 떠나면서 "기왕 세상 밖으로 발을 내디딘 사람에게는 약한 마음보다는 겁 없는 편이 낫지. 이생에서의 내 시간과 죽음의 순간은 이미 오래 전부터 운명으로 예정되어 있을 테니 말이야"5)라고 말한 것은 바이킹의 칼 12세의 운명론이기도 했다. 그는 전광석화와 같이 덴마크군을 격파한 후에 여세를 몰아 러시아로 이동했다.

당시 러시아 군대는 오늘날 페테르부르크가 들어서 있는 네바 강 유역을 확보하기 위해서 먼저 '나르바'라고 하는 요새를 점령해야 한다고 생각했고, 그곳으로 병력을 집결하고 있었다. 칼 12세는 10월 초에 가을의 강풍이 항해를 어렵게 하는 악조건 속에서도 주저함 없이 병사들과 배를 타고 발트 해를 넘어 오늘날 라트비아의 수도인 리가에 도착했다. 그는 그곳에서 병력을 집결한 후 약 5주간의 군사 훈련을 실시했고, 다시 11월 중순에 1만 여 병력을 이끌고 나르바로 진격했다. 칼 12세는 초겨울 발트 지역의 혹독한 조건 속에서 고된 행군을 강행하여 겨우 나르바에 다다를 수 있었다. 그리고 러시아 병력의 4분의 1밖에 안 되는 군대를 가지고 견고한 요새에서 대항하는 러시아군을 공격하여 큰 승리를 거두었다. 지리멸렬한 러시아군은 대포도 그대로 놓아둔 채 도망치기에 급급했다. 칼 12세의 나르바 원정은 세계 전투 역사에 길이 남을 대위업이었다. 순식간에 스웨덴의 젊은 왕 칼 12세는 유럽 전역에 명성을 떨쳤고, 스웨덴 병사들은 고된 항해와 행군에도 불구하고 사기충천했다. 한편 나르바 전투는 러시아에게는 한마디로 치욕이었다. 견고한 요새 안에서 충분히 휴식을 취한 4만이 넘는 병력이 덴마크와 전투 이후에, 험난한 바다를 건너느라, 무리하게 장거리 행군을 하느라, 몹시 지쳐 있던 1만의 스웨덴군에게 대패했기 때문이다.

그러나 표트르의 위대함은 위기 속에서 더욱 빛났다. 표트

스톡홀름에 있는 칼 12세의 동상.

르는 나르바에서 패한 이유가 무엇인지 면밀히 검토했고, 온 국가를 전시 체제로 몰아 전쟁에 대비했다. 그리고 표트르에게는 다행히도 칼 12세는 승리의 여세를 몰아 러시아를 공격하기보다는 배후에 있는 폴란드를 공격하기 위해 방향을 바꾸어 서쪽으로 진격했다. 칼 12세는 폴란드와의 싸움에서도 연전연승을 거두었지만, 1704년에 폴란드 왕 아우구스투스를 폐위시키기까지 너무 많은 시간을 소비했다. 덕분에 표트르는 차근차근 문제를 해결할 시간을 벌 수 있었다. 전략적으로 중요한 지역에 축성을 명하고, 아이와 부녀자까지 동원했고, 자신도 직접 축성 작업에 참여했다. 또한 러시아의 구식 무기를 개선하기 위해 유럽 방문 시에 영국에서 구입한 소총을 견본으로 수만 정의 신식 총을 생산했다. 그리고 나르바 전투에서 대부분의 포병 장비를 상실했기 때문에 대포의 제조도 시급한 과제였다. 표트르는 전국에 포고를 내려 대포 생산에 필요한 철을 모았는데, 심지어 교회의 종까지 징발할 정도였다. 이렇게 확보한 철로 수백 문의 대포를 제조했고, 또한 포병 학교를 설립하여 포병을 양성했다.

한편 표트르는 스웨덴 군대가 폴란드에 머무르고 있는 동안 다시 전열을 가다듬어 후에 페테르부르크가 서게 될 네바 강 유역으로 진격했다. 네바 강 유역은 고대 노브고로드 공국에 속했던 영토였는데, 1617년 스톨보보 조약 이후 스웨덴이 차지하여 관할하고 있었으나, 러시아인들은 조상 전래의 영토라고 믿고 있었다. 1702년 10월에 쉐레메테브가 이끄는 러시아 군대는 12시간 동안의 공격 끝에 네바 강 상류에 있는 스웨덴의 요새 노테부르크를 함락시킬 수 있었고, 표트르는 점령한 요새를 '도시를 여는 열쇠'라는 뜻으로 쉴리셀리부르크라고 개명했다. 지금도 요새의 첨탑에는 열쇠 모양의 풍향계가 설치되어 있다. 1703년에는 네바 강 하류에 위치한 스웨덴 요새 니엔샨츠를 점령하고는 '도시를 닫는 열쇠'라는 뜻으로 쉴로트부르크로 명했다. 그리고 표트르는 같은 해 5월에 힘겹게 얻은 네바 강 유역을 확고히 하기 위해 새로운 요새를 물색했고, 5월 16일에 토끼섬이라는 뜻을 가진 자야츠 섬을 발견하고 그곳에 새로운 요새를 건설했다. 이것이 향후 200년 이상 러시아 제국의 수도로 군림할 '제2의 암스테르담', 페테르부르크 건설의 시작이었다. 한편 표트르는 새로 얻은 네바 강 유역을 더욱 확고히 하기 위해 스웨덴이 네바 강으로 들어오는 길목에 위치한 코틀린 섬에 오늘날의 크론슈타트를 건설하여 러시아의 자연적 북방 경계선의 방어에 쐐기를 박았다.

　그러나 이러한 모든 조치에도 불구하고 1700년에 표트르에게 쓰디쓴 패배를 안겨 주었던 나르바 요새를 점령하지 못한다면, 네바 강 유역은 다시금 위험에 빠질 수 있었다. 새로 건설한 요새들은 북쪽에서 수로로 공격해 오는 스웨덴군을 효과적으로 무찌르도록 잘 축성되었지만, 유럽 최정예의 육군을 보유한 칼 12세가 서쪽에서부터 육로를 통해 진격해 오는 경우에는 방어가 쉽지 않았기 때문이다. 서쪽으로부터 오는 공격을 방어하기 위해서는 나르바 요새를 반드시 탈환해야 했다. 따라서 표트르는 1704년 7월에 오늘날 에스토니아의 영토인 타르투를 점령함으로써 나르바를 고립시켰고,6) 8월에는 완강히 저항하는 스웨덴군을 격파하고 마침내 나르바를 함락시켰다. 이렇게 해서 러시아는 새로 확보한 러시아 북서부의 발트 연안을 해상과 육상의 공격으로부터 확고히 지킬 수 있는 여건을 마련했다.

　표트르가 1700년대 초에 발트 해 지역에서 스웨덴군을 상대로 일련의 승리를 거두었지만, 칼 12세의 본대를 상대로 한 전투는 아니었다. 북방전쟁이 종결되기 위해서 표트르와 칼 12세의 결전은 불가피했다. 나르바에서 큰 승리를 거둔 이래 칼 12세가 이끄는 스웨덴 군은 전설적인 전투를 수행했다. 스웨덴 군은 북방전쟁의 동맹국들인 덴마크, 폴란드, 삭소니아와 싸워 모두 승리한 후에 이제 전격적으로 러시아를 공략하기 시작했다. 드디어 격전의 해가 다가왔다. 1706년 초에 칼

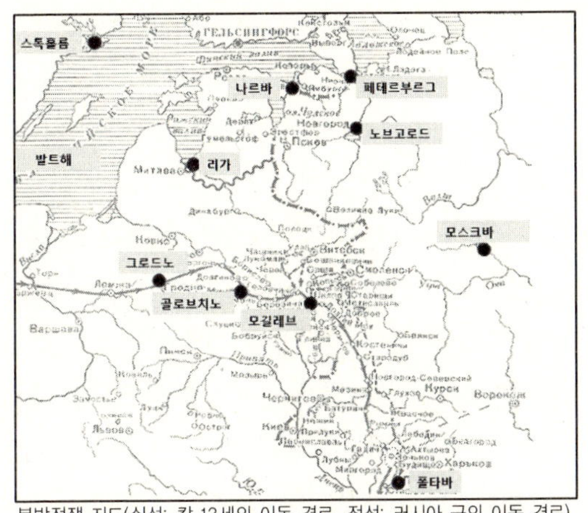

북방전쟁 지도(실선: 칼 12세의 이동 경로. 점선: 러시아 군의 이동 경로).

12세의 군대는 러시아 본토로 진격하기 위한 입구에 해당하는 오늘날 벨로루시의 영토인 그로드노 요새[7]를 공격했다. 이곳에는 표트르도 있었는데 그는 그로드노를 지킬 수 없다고 판단하고 퇴각함으로써 칼 12세의 불패 신화는 지속되었다. 이제 칼 12세가 러시아 본토를 공격하는 일만 남았다. 네바 강 유역으로 진격할 수도 있었고, 모스크바로 곧장 쳐들어가는 방법도 있었으며, 노브고로드를 점령하여 장기전으로 나가는 방법도 있었다. 칼 12세는 1708년 3월에 레벤하프트(Adam Lewenhaupt) 장군에게 리가에서 보급품을 싣고 와서 본대와 합류하라는 명령을 내린 후에 자신은 본대를 이끌고 러시아 군대가 집결하고 있는 골로브친 마을로 진격하여 러시아군을 격파했다. 그리고 다시 스웨덴군을 막기 위해 늘어선 러시아 진영을 남쪽에서부터 격파하여 단숨에 러시아 군대의 전열을 흩트려 버렸다. 표트르는 군사 회의를 열어 모길레브까지 포기하고 후퇴하기로 결정했다. 칼 12세가 펼친 전격전이 또 다시 승리했던 것이다.

그런데 이 중요한 상황에서 칼 12세는 결정적인 실수를 했다. 1700년에 스톡홀름을 떠나 8년 동안 원정을 다니며 승리만을 구가했던 그는 러시아 군대를 너무 과소평가했고, 일국의 군주답게 전체적인 판세를 판단하고 신중히 대처하지 못했다. 칼 12세는 보급을 담당한 레벤하프트 장군을 기다리지 않고, 조급히 진격을 감행했다. 반면 표트르는 스웨덴 군대의 약점을 정확히 알고 있었다. 러시아군은 본토에서 전쟁을 수행했기 때문에 일부 전투에서 패한다고 해도, 금방 보충과 회복이 가능했다. 후방에 광대한 보급망을 가지고 있었기 때문이다. 그러나 칼 12세의 군대는 광대한 유라시아 평원에서 고립되어 있었다. 아무리 훌륭한 군대라고 할지라도 보급이 이루어지지 않은 상태에서는 전투를 수행할 수 없다. 표트르는 계속해서 칼 12세와 정면으로 부딪치는 것을 피하고 후퇴했지만, 칼 12세의 병사들과 말들에게 먹을 것을 남겨 놓지는 않았다. 퇴각하면서 모든 마을 주민들을 소개시킨 후에 마을과 풀들을 불 질렀던 것이다. 스웨덴 병사들은 초인적인 정신력으로 배고픔을 좀 더 견딜 수 있었을지 모르지만, 말 못하는 말들은 풀이 없으면 움직일 수 없었다. 이러한 상황에서 장기 원정에서 핵심이라 할 수 있는 보급 부대로부터 멀어진다는 것은 대단히 위험한 일이었다. 이러한 것을 놓칠 리 없는 표트르는 레벤하프트의 보급 부대와 칼 12세의 본대를 차단하기 위해 쉐레메테브 원수가 이끄는 러시아 최정예 부대를 출동시켰다. 레벤하프트는 비록 뛰어난 지휘관이었지만, 무거운 보급품을 싣고, 비 오는 진창길을 이동하여 제시간에 칼 12세의 본대와 합류할 수 없었다. 러시아군은 레벤하프트의 군대를 기습적으로 공격했으나, 레벤하프트는 주어진 상황에서 훌륭히 대처했고, 성공적으로 후퇴하여 본대와 합류했지만 보급품까지 구할 수는 없었다. 이렇게 해서 칼 12세의 스웨덴 병력은 동유럽의 끝없는 평원 속에서 고립되었다.

러시아 서남부 지역으로 깊숙이 빠져들고 만 칼 12세의 군대는 러시아 마을들을 점령하여 군대에 필요한 보급품과 병력을 보충하면서 싸워야 하는 어려운 상황에 처했다. 사실 군사적인 측면에서 볼 때 칼 12세의 입장에서는 성공적인 퇴각만이 유일한 방법이었고, 사실 그것마저도 쉽지는 않았을 것이다. 그러나 칼 12세는 총탄에 맞아 발목뼈가 으스러져 생명이 위독한 지경이 되어서도 후퇴할 생각을 하지 않았다. 결국 힘겨운 행군 속에서 점점 지치게 된 칼 12세의 스웨덴군은 1709년에 우크라이나 카자크의 도움을 얻어 사생결단으로 폴타바를 점령하여 근거지를 마련하려고 총력을 기울였다. 그러나 표트르는 더 이상 물러나지 않았고, 폴타바 전투에서 승부를 걸었다. 그리고 마침내 나르바 패배 이후 9년 만에 폴타바에서 스웨덴군을 대파함으로써 지난날의 치욕을 깨끗이 씻을 수 있었다. 칼 12세는 겨우 목숨을 건졌지만, 정예 부대를 잃었고, 다시 재기할 수 없었으므로, 북방전쟁의 승기는 러시아 쪽으로 확실히 기울었다. 러시아 작가들은 폴타바 전투를 찬양하고 과장도 하지만, 사실 칼 12세의 군대가 고립되면서 폴타바에서 패배하는 것은 당연한 수순이었다. 오히려 그러한 악조건 속에서도 러시아군을 긴장케 한 칼 12세와 그 병사들의 전투력과 불굴의 의지에 탄복해야 할 지경이다. 그러나 칼 12세는 전쟁사에 길이 남을 위대한 야전 사령관이었지만, 한 국가를 통치해야 하는 군주로서의 능력은 표트르와 비교할 수 없을 정도로 편협했다.

반면에 표트르는 최고의 야전 사령관은 아니었다. 그러나 그는 러시아 제국의 군주로서는 뛰어난 지도자였다. 표트르는 유럽 최강이 스웨덴 군대를 상대로 싸우면서 스스로 학습했고, 러시아 군대를 더욱 강하게 성장시킬 수 있었다. 그는 패배를 두려워하지 않았지만, 상대의 강함을 알았으며, 주어진 상황 속에서 정열적으로 대처한 지도자였다. 사실 칼 12세가 17세기 러시아의 국가 조직, 생산 능력, 군사 조직을 상대로 싸웠더라면, 비록 남부에서 고립되었다고 할지라도 마침내 폴타바 전투에서 승리할 수 있었을지 모른다. 그러나 1709년 폴타바 전투 때의 러시아는 1700년 나르바 전투 때의 러시아가 아니었다. 나르바에서 패배한 이후 표트르는 군사·행정·경제 각 분야에서 대대적인 개혁을 단행하면서 폴타바의 승리를 준비했던 것이다. 그리고 폴타바에서의 결정적인 승리 이후에도 표트르의 개혁은 계속되었고, 북방전쟁을 종결하는 시점인 1710년대 말에 표트르는 새롭게 건설한 발트 함대를 출동시켜 스웨덴 본토를 세 차례나 공격하면서, 1721년에는 북방전쟁을 종결짓는 휴전조약을 성사시킬 수 있었다. 이후 18세기와 19세기에도 러시아와 스웨덴 사이에 수많은 전쟁이 있었지만, 스웨덴은 단 한 번도 러시아를 이기지 못했다. 이제 스웨덴은 가진 자원이나 인력으로 볼 때 방대한 영토와 자원 그리고 인구를 가진 러시아를 감당할 수 없었던 것이다. 그리고 이러한 러시아의 잠재력을 효율적으로 조직한 것은 다름 아닌 표트르의 개혁이었고, 또한 그 개혁의 엄청난 부담을 감당했던 러시아 농민들이었다.

천국을 여는 열쇠 페테르부르크

표트르는 북방전쟁을 통해 발트 해에 면한 강력한 항구들을 차지할 수 있었다. 전통적인 발트 무역항이었던 나르바, 리가, 레발(오늘날의 탈린) 등을 손에 넣었고, 무엇보다 러시아의 옛 영토였던 네바 강 연안 지역을 확보했다. 그동안 남부와 북부에서 모두 바다로 접근하는 것이 차단되어 유럽으로부터 고립되었던 러시아가 발트 동부 지역에서 가장 중요한 항구들을 확보한 것이다. 그러나 표트르는 이에 만족하지 않고 네바 강 연안에 미래의 도시 페테르부르크를 건설했다. 더욱이 그는 이미 500년이 넘는 역사를 가진 조상 전래의 수도 모스크바를 버리고 인적도 드문 네바 강의 소택지로 수도를 이전했다. 이는 당대인들에게 대단한 문화 충격이었으며, 수많은 사람들의 희생이 필요했던 엄청난 사업이었다. 그러면 왜 표트르는 페테르부르크로 천도했는가? 먼저 표트르는 구시대로 대표되는 모스크바를 싫어했다. 어린 시절 스트렐츠이의 잔혹한 반란 사건을 경험하게 했고, 자신의 개혁에 반대하는 완고한 대귀족들이 조상 대대로 살고 있는 모스크바는 표트르가 꿈꾸는 새로운 국가의 수도로서 적합하지 않았다. 그래도 의문은 남는다. 왜 하필이면 날씨도 안 좋고, 강물은 시시때때로 범람하여 사람도 살기 힘든 네바 강 연안의 소택지인가? 이유는 바다 때문이었다. 표트르는 네바 강변에 들어설 도시가 바다를 여는 열쇠여야 한다고 생각했고, 그에게 바다는 천국이었으며, 서유럽의 선진 문물이었다. 따라서 표트르는 도시의 이름을 성경에서 예수로부터 천국을 여는 열쇠를 받은 사도 표트르[8]의 도시라는 뜻으로 페테르부르크로 지었던 것이다.

네바 강은 지정학적 관점에서만 보면 많은 장점들을 가지고 있다. 강은 라도가 호에서 발원하여 발트 해로 흐르며, 발트 해는 서유럽의 북해와 연결된다. 즉, 네바 강 연안은 흑해가 꽉 막혀 있던 당시로서는 러시아가 유일하게 바다를 통해 서구와 만날 수 있는 공간이었다. 또한 네바 강은 러시아 내부와도 수로로 연결된다. 네바 강은 라도가 호수를 통해 볼호프 강과 연결되며, 다시 노브고로드와 다른 강들을 거쳐 '러시아의 어머니'라고 불리는 볼가 강으로 이어지는 것이다. 그리고 볼가 강은 오카 강, 카마 강 등 수 많은 지류들을 거느리고 러시아 남부 농업 지역과 우랄 제철 지역 등 러시아 구석구석까지 닿아 있으며, 자신은 도도히 페르시아와 연결되는 바다 카스피 해로 흘러간다. 이렇게 네바 강 유역은 러시아 내부와 서유럽을 연결해 주는 최적의 장소였으며, 모스크바로부터 적당히 떨어져 있어서 러시아를 유럽식으로 개혁하는 데 거부감이 없는 공간이었다. 따라서 표트르는 자신의 꿈을 담을 미래의 도시로 페테르부르크를 선택했고, 새로운 도시는 표트르가 구상하는 제국의 암스테르담이어야 했고, 푸시킨이 자신의 시 '청동 기마상'에서 읊은 대로 '유럽을 향해 열린 창'이어야 했다.9)

그러나 페테르부르크를 건설하는 일은 결코 쉽지 않았다. 무엇보다 페테르부르크는 도시를 건설하는 데 좋은 환경을 갖고 있지 못했다. 날씨는 대부분 흐려서 연평균 62일만 태양을 볼 수 있을 정도로 일주량이 적다. 또한 바람이 많이 불었고, 특히 서쪽에서 부는 바람은 네바 강의 흐름을 늦추어 홍수를 일으키게 했다. 도시가 건설되고 250년간 공식적으로 기록된 홍수만도 142번에 달한다. 18세기에는 철저히 기록을 남기지 않았기 때문에 실제로는 훨씬 더 많은 홍수가 있었다. 특히 건설 초기에는 지반이 낮아 더욱 홍수가 잦았다. 1715년과 1775년에는 도시 전체가 물에 잠기기도 했다. 18세기 후반에 예카테리나 대제 때에 와서야 지면이 특히 낮은 도시 서쪽 지역의 땅을 적게는 0.6미터에서 많게는 1.5미터씩 높이는 대공사를 수행함으로써 홍수가 훨씬 줄어들었다. 또한 페테르부르크는 도시의 상당 부분이 습지대로 이루어져 있어, 지반 자체가 탄

1924년 9월 23일 대홍수를 보여 주는 표식. 줄이 그어진 부분까지 물이 찼다.

탄하지 못했고, 따라서 건축물을 세우기가 쉽지 않았다. 이렇게 네바 강 유역은 혹독한 조건을 가진 지역이어서, 도시가 들어서기 이전에는 사람들이 많이 거주하지 않았는데, 15세기 말의 토지 대장을 보면 장정의 수가 약 1,200명에서 1,500명 정도였다. 이러한 제반 조건 속에서 러시아 제국의 수도를 건설하는 일은 엄청난 물적 자원과 인적 희생을 요구하는 사업이었다. 이는 표트르의 추진력과 지도력이 아니면 시작할 수 없는 일이었으며, 무엇보다 도시 건설에 동원된 수많은 농민들의 피와 땀이 없었다면 불가능한 일이었다. 러시아의 한 역사가의 계산에 의하면 북방전쟁은 4만 명의 생명을 앗아 갔는데, 페테르부르크 건설은 7만 명의 목숨을 요구했다.

표트르는 페테르부르크의 건설을 위해 모든 지원을 아끼지 않았다. 도시의 역사는 표트르-파벨 요새의 건설로부터 시작되었다. 전하는 바에 따르면 표트르는 북방전쟁이 한창이던

1703년 5월 16일 직접 배를 타고 네바 강을 탐사하다, 소(小)네바 강과 대(大)네바 강이 합류하는 지점에 위치한 토끼섬을 발견하고 이곳에 표트르-파벨 요새를 건설했다. 표트르는 직접 삽을 들고 요새 건설에 참여했는데, 갑자기 일을 멈추고 두 덩이의 잔디를 뜯어내어 십자가 모양으로 놓고, "이곳에 도시가 설 것이다"라고 예언했다고 한다. 그러나 표트르가 요새를 건설하는 현장에 있었다는 확실한 증거는 없다. 어떤 역사가는 1703년 5월 10일부터 20일까지 표트르가 그곳에 없었다는 구체적인 증거를 내놓기도 한다. 아무튼 표트르-파벨 요새의 건설로 페테르부르크의 역사가 시작되었다. 토끼섬에 건설한 요새를 페테르부르크라고 명했고, 그 안에 지은 교회를 표트르-파벨 교회라 불렀다. 그리고 얼마 안 있어 요새의 이름을 표트르-파벨 요새로 비꿨고, 요새 바깥에 펼쳐질 도시의 이름을 페테르부르크라고 정했다. 그리고 3년 후인 1706년에 표트르는 표트르-파벨 요새와 교회의 재건에 착수했고, 이탈리아 출신의 명장(名匠) 도메니코 트레지니(Domenico Trezzini)가 설계와 시공을 맡았다. 요새의 재건은 이전까지 러시아 역사에서는 볼 수 없었던 대규모 공사여서, 엄청난 양의 자재가 필요했고, 34년의 세월이 걸려 1740년에야 완성을 보았다. 트레지니는 이외에도 크론슈타트, 알렉산드르-네프스키 대수도원, 여름 정원의 여름 궁전 등을 설계하여 페테르부르크 초기 바로크 건축을 대표하는 많은 아름다운 건물들을 남겼다.

페테르부르크는 표트르-파벨 요새의 건설로 시작되었지만,

네바 강변에서 바라 본 표트르-파벨 요새와 교회의 모습.

요새는 정말이지 도시 건설의 첫 삽에 불과했다. 이미 언급한 것처럼 네바 강 연안의 소택지는 기후도 좋지 않았고, 늪지대가 많아서 건물을 세우기가 힘들었다. 또한 북방전쟁의 상황에서 공공연히 말은 못했지만, 새로운 도시 건설에 불만을 갖는 세력들도 많았다. 그러나 표트르는 결코 흔들리지 않았다. 유럽 방문을 통해 근대 유럽의 건축물들을 직접 보고 온 표트르는 페테르부르크를 석조 건축물로 채우고 싶었다. 그러나 러시아에는 석재가 흔하지 않아, 건축 재료들을 모으는 일이 쉽지 않았다. 따라서 페테르부르크를 석조 도시로 만들기 위해서 표트르는 단호한 조치들을 취했다. 그는 페테르부르크로 들어오는 선박들은 일정한 양의 석재를 실어야만 들어올 수 있게 했고, 부족한 석공을 확보하기 위해 페테르부르크를 제외한 다른 도시에서는 일시적으로 석조 건축물을 짓지 못하도록 칙령을 공포했다.

이렇게 해서 페테르부르크에는 초기 바로크 양식의 아름다운 석조 건물들이 하나씩 둘씩 들어섰다. 해군성 건물 역시 표트르 시기를 대표하는 전형적인 초기 바로크 양식의 건축물이다. 해군성은 1704년에 조선소로 건설되어, 1707년에 처음으로 생산한 선박을 진수시켰다. 이 밖에도 표트르 시기 대표적 건축물로는 러시아 최초의 인류학 박물관인 쿤스트카메라와 페테르부르크 최초의 석조 궁전인 멘쉬코프 궁전, 국가 행정부가 들어선 '12 칼레기야' 건물 등이 있다. 또한 알렉산드르 네프스키 대수도원 역시 초기 페테르부르크의 건물에서 빼 놓을 수 없다. 수도원의 이름은 표트르가 구상한 것으로 1240년에 네바 강을 통해 러시아로 쳐들어온 스웨덴을 무찌른 알렉산드르 네프스키 대공을 기리는 수도원이었다.

표트르 시기에는 대수도원에 단지 목조 교회가 들어섰지만, 1724년에 블라디미르에 있던 알렉산드르 네프스키의 유해를 이곳으로 모셔 옴으로써 수도원은 새로 건설된 페테르부르크의 위상을 크게 높여 주었다. 전반적으로 표트르 시기에는 표트르-파벨 요새처럼 '초기 바로크'라고 불리는 단순하고, 명확하며, 치장을 자제하는 건축 양식이 주를 이루었으나, 18세기 중엽에는 점차 위풍당당하고 화려한 '후기 바로크' 양식으로 바뀌어 스몰리니 수도원이나 니콜라이 교회 같은 화려한 건물이 들어섰다. 그리고 1760년대에 와서 바로크 양식 대신 고전 양식이 꽃 피기 시작해서 19세기 초에 절정에 이르렀는데 네프스키 대로에 장엄하게 서 있는 카잔 성당이 대표적인 건물이다. 이후 이삭 성당이나 피의 사원 같은 고전 양식과 러시아 양식을 결합한 절충 양식이 뒤를 이었고, 19세기 말과 20세기에 와서는 '돔 크니기' 건물 같은 고전 양식의 건물들이 등장했다. 페테르부르크는 표트르가 꿈꾸던 대로 화려한 석조 건축물의 도시가 되었고, 오늘날 서구 건축양식의 실험장으로 불릴 만큼 다양한 양식의 건물들이 도시를 장식하고 있다.

　네바 강 연안의 소택지에 건축물을 짓는 것도 어려웠지만 더욱 힘들었던 것은 사람들을 채우는 일이었다. 더욱이 표트르는 페테르부르크를 러시아 제국의 수도로 생각하고 있었기 때문에 제국의 수도에 걸맞게 귀족들이나 상인들이 필요했다. 귀족들을 모으는 일은 그럭저럭 해결할 수 있었다. 표트르는 매우 명민한 방법을 썼다. 그는 발트 지역의 하녀 출신인 마르타라는 여인을 사랑하여 이미 사실혼 관계에 있었고, 그녀에게서 여러 자녀들을 낳았다. 그러나 북방전쟁이 한창이던 시기여서 결혼식을 올리지 못하고 있다가, 전쟁에서 확실한 승기를 잡은 후인 1712년에 성대한 결혼식을 올렸다. 그런데 표트르는 이 결혼식을 전통적인 방식대로 모스크바의 크레믈린 안에 있는 우스펜스키 성당이 아니라, 새로운 도시 페테르부르크에서 거행했다. 모스크바에 머물고 있던 귀족들은 당혹스러웠다. 그들은 은근히 표트르의 개혁을 못마땅하게 생각했고, 새로 건설한 도시 페테르부르크로 가고 싶지 않았지만, 차마 차르의 결혼식에 참석하지 않을 수는 없었던 것이다. 결국 모스크바의 전통 귀족들은 가족들과 함께 마차를 타고 페테르부르크로 와서 표트르의 결혼식에 참석할 수밖에 없었다. 물론 표트르는 이들을 위해 살 곳을 준비해 놓고 있었고, 이들이 돌아가지 못하도록 했다. 이렇게 차르의 결혼을 이용해 대귀족들을 페테르부르크로 부른 표트르는 다음 해인 1713년에 국가 최고 통치기관인 원로원을 모스크바에서 페테르부르크로 이전했고, 페테르부르크를 공식적으로 러시아 제국의 수도로 공표했다.

표트르 시대에 페테르부르크는 서구식 생활 문화의 실험장이 되었으며, 이를 주도한 사람들은 귀족들이었다. 표트르가 국민들에게 수염을 깎고, 서구식 옷을 입도록 칙령을 내렸지만 이러한 조치가 실제로 민가에서 실행되기는 쉽지 않은 일이었다. 그러나 차르의 궁전에 드나들며, 차르의 연회에 참석해야 하는 귀족들은 차르의 정책을 따르지 않을 수 없었다. 표트르 궁전과 페테르부르크 귀족들은 서구 문화의 표본이 되었다. 이들은 말끔히 면도를 하고, 프랑스식 복장을 하고 다녔고, 외모에 신경을 쓰기 시작했다. 한 외국 대사는 페테르부르크에서 러시아 해군 제독 표도르 아프락신의 연회에 참석했다가 금은으로 장식된 정복을 입지 않았다고 경비병들에게 봉변을 당하기도 했다. 한편 표트르의 최측근이었던 멘쉬코프는 화려하게 옷을 입기로 소문이 났다. 그는 흰색 가발을 썼고, 비단 스카프를 목에 두르고, 많은 장식물을 달고 다녔다고 전한다. 여성들의 의복도 유럽의 스타일을 따라 화려해졌다.

밤이 긴 겨울이면 페테르부르크에는 무도회 또는 야회가

성황이었다. 서구적인 무도회는 1700년에 이미 표트르에 의해 도입되어 모스크바에서 열리기 시작했는데, 전통을 고수하는 사람들에게 많은 거부감을 일으켰다. 그러나 서구의 도시를 모델로 새로 시작하는 페테르부르크에서는 분위기가 사뭇 달랐다. 고관들은 서로 돌아가며 야회를 개최했으며, 표트르 역시 파티에 열심히 참여했다. 더욱이 표트르는 1718년 칙령을 통해 야회의 개최 방식을 규정하기도 했다. 야회에는 남녀가 모두 참여할 수 있었는데, 이는 러시아 전통적인 관점에서 볼 때는 파격적인 일이었다. 그리고 야회는 낮 4~5시에 시작해서 밤 10시에 마쳐야 하며, 손님들은 원하는 시간에 와서 원하는 시간에 갈 수 있었다. 그리고 식탁에는 손님들을 위한 먹을 것과 놀 것들이 마련되어 있었고, 또한 방들을 개방해서 손님들이 마음껏 드나들 수 있도록 했다. 손님들은 각자가 원하는 것을 할 수 있었는데, 어떤 방에서는 카드놀이를 했고, 다른 방에서는 담배와 술을 즐겼으며, 또 다른 곳에서는 춤을 추는 무리들이 있었다. 단 도박은 금지되었다. 야회에서 가장 인기를 끌었던 것은 춤이었는데, 표트르 역시 춤을 추었다.

야회에서는 원래 음료수만 대접하도록 규정되었지만, 실제로 식사를 대접하는 경우도 많았고, 또 성대한 만찬 연회가 개최되기도 했다. 표트르는 러시아인을 서유럽으로 보내 다양한 요리를 배우게 했고, 많은 외국인 요리사를 초청하여 러시아에서 일하게 했다. 표트르 자신도 외국인 요리사를 두었고, 다른 귀족들도 점차 외국인 요리사를 고용하기 시작했다. 외국인 요리사들이 만든 유럽식 요리가 18세기 전반 페테르부르크 귀족들의 만찬을 서유럽의 요리로 가득 차게 했다. 특히 표트르가 참석하는 만찬에는 프랑스 루이 15세가 '제왕의 와인이며, 와인의 제왕'이라고 극찬한 헝가리산 토카이 와인이 빠지지 않았으며, 다른 프랑스산 와인들도 등장했다. 시간이 지나면서 러시아 황실과 귀족들은 음식이나 와인뿐만 아니라 유럽식 매너도 익히게 되었다.

그러나 표트르에게 있어 페테르부르크는 무엇보다 항구 도시여야 했다. 표트르가 '제2의 암스테르담'을 언급했을 때 암스테르담은 단순히 석조 건축물이 들어서고, 귀족들이 서구식으로 생활하는 그런 도시만은 아니었다. 17~18세기에 암스테르담이 위대했던 이유는 도시의 건물과 귀족 때문이 아니었다. 암스테르담이 위대함은 무역 항구에서 시작되었고, 유럽의 모든 상품이 집결되었다 흩어지는 무역의 중심지라는 데에 있었다. 따라서 표트르에게 있어 새로운 도시 페테르부르크를 항구 도시로 키우는 것은 매우 중요한 과제였다. 그는 다소 성급하게도 1703년 이제 막 요새가 건설된 시점에서 자신이 만든 러시아 최초의 신문인 「베도모스티」를 통해 이제부터 러시아인들은 리가, 나르바 등 기타 스웨덴 항구를 통해 수출했던 러시아 상품을 페테르부르크로 운반하라고 공지했다. 그리고 그는 유럽 각국에 파견된 러시아 외교관들에게 러시아에 새로운 항구 페테르부르크가 건설되었음을 알리고, 항구에 들어오는 최초의 배들을 포상할 것을 홍보하도록 지시했다.

마침내 1703년에 최초로 네덜란드 선박 한 척이 페테르부르크 항구로 들어왔다. 전하는 바에 따르면 표트르는 직접 요트를 타고 나가 네바 강에서 그들을 맞이했고, 또 자신의 집으로 그들을 초대했다고 한다. 선장은 러시아 제국의 차르가 직접 마중 나왔다고는 상상도 못했으며, 나중에 이 사실을 알고는 깜짝 놀랐다. 그러나 1704년에 또 다른 한 척의 배가 들어왔을 뿐이고, 이후로는 한 척의 배도 출현하지 않았으며, 1710년에야 다시 한 척의 배가 입항했다. 물론 북방전쟁으로 발트 해를 항해하는 것이 위험했기 때문이기도 했지만, '제2의 암스테르담' 치고는 너무나 형편없는 실적이었다. 표트르에게는 특단의 조치가 필요했다. 페테르부르크를 키우기 위해서는 다른 항구들을 죽일 수밖에 없었다.

표트르는 1713년에 러시아의 몇몇 주요 수출 상품들을 아르한겔스크로 수송하는 것을 금지하고, 반드시 페테르부르크를 거쳐 수출하도록 명했다. 이후 페테르부르크에 출입하는 선박의 수는 30~50척으로 증가했지만, 아직도 만족할 만한 수치는 아니었다. 여전히 아르한겔스크는 러시아 최고의 무역항으로 건재했다. 결국 1721년에 표트르는 원로원 칙령을 통해 일부 지역을 제외한 모든 러시아 상품들은 반드시 페테르부르크를 거치도록 결정했으며, 1724년에는 아르한겔스크의 수출입 관세를 크게 높였다. 이러한 강력한 조치로 아르한겔스크의 무역은 급격히 쇠퇴했고, 표트르 통치 말기에 페테르부르크의 해외 무역 거래량이 아르한겔스크보다 10배나 많아졌다. 1762년에야 페테르부르크와 아르한겔스크의 무역 조건이 같아졌는데 그럼에도 불구하고 아르한겔스크는 결코 재기할 수 없었다.

한편 페테르부르크가 무역 도시로 성장하기 위해서는 무엇보다 상인들이 필요했다. 그러나 상인들을 이주시키는 일은 귀족들을 부르는 것과는 다른 성격의 과제였다. 여기에서도 표트르 특유의 밀어붙이는 스타일은 여실히 드러났다. 표트르는 1710년, 1712년, 1714년, 1717년에 상인들과 장인들을 페테르부르크로 이주시키는 강제적인 칙령들을 내려 상인들을 새로운 도시 페테르부르크로 모았다. 이렇게 잦은 칙령이 있었다는 것 자체가 상인들을 이주시키는 것이 그만큼 힘들었다는 증거이다.

당연히 이러한 표트르의 징책은 많은 상인들의 반발을 가져왔다. 상인들은 귀족들과 달리 사업을 하는 사람들이었다. 그들이 사업을 하기 위해서는 유통망과 기타 하부 시설들이 필요했는데, 이제 막 들어선 페테르부르크는 그러한 것들을 전혀 갖추지 못한 상태였다. 물론 페테르부르크는 아르한겔스크에 비하면 무역을 수행하기에 기후적으로나 지리적으로 훨씬 좋은 조건을 가지고 있었다. 유럽과의 거리도 훨씬 가까웠고, 항구가 얼어붙어 있는 시간도 적었다. 그러나 아르한겔스크는 16세기 후반부터 100년이 훨씬 넘는 기간 동안 해외 무역을 업으로 하는 상인들의 발길이 끊이지 않았던 곳이다. 그곳에는 이미 유통망이 촘촘히 짜여 있었고, 무역을 수행하는 데 필요한 여러 하부 시설들도 갖추어져 있었다. 이러한 상황에서 표트르는 강압적인 페테르부르크 지원책을 폈던 것이고, 러시아 역사가들의 연구에 따르면 이에 따른 부작용과 오랜 전쟁으로 인해 표트르 시기에 많은 러시아 상인들이 몰락했다. 아마도 표트르가 차분히 시간을 주고 상인들 스스로 결정하도록 했다면, 시간은 걸렸겠지만 상인들은 점차 페테르부르크로 몰렸을 것이다.

아무튼 페테르부르크는 도시가 가지고 있는 지리적인 유리함과 표트르 대제의 강력한 지원책에 힘입어 급격히 성장할 수 있었고, 18~19세기 내내 러시아 최고의 무역항으로 우뚝 섰다. 영국, 네덜란드, 프랑스, 독일, 이탈리아 등 수 많은 외국 선박들이 와인, 직물, 가구, 향수 등 서유럽의 사치품들을 싣고 페테르부르크 항에 들어왔고, 다시 러시아의 아마, 대마, 목재, 철 등을 잔뜩 싣고 본국으로 돌아갔다. 이러한 활발한 교역 덕분에 러시아의 물가 수준은 크게 상승했다. 페테르부르크를 통해 대 서구 무역이 확대되면서, 유럽의 높은 물가 수준이 페테르부르크 물가를 상승시켰으며, 높은 물가는 러시아 다른 지역으로 확산되었다. 18세기에만 러시아의 물가가 5배나 상승했는데, 특히 서유럽의 수요가 많았던 농산물 가격이 제조품 가격보다 크게 상승했다. 이러한 물가의 움직임은 이제 러시아가 확고히 유럽 세계 체제 속에 편입되었음을 보여준다.

그러나 이러한 페테르부르크의 모습은 표트르가 그토록 원했던 '제2의 암스테르담'의 모습은 아니었다. 외형적으로 볼 때 페테르부르크는 점차 암스테르담이나 다른 서유럽의 무역 도시처럼 활기차고 호화스럽게 보였지만, 결정적인 측면에서 다른 점이 있었다. 암스테르담에서는 네덜란드인들이 주도권을 가지고 있었지만, 페테르부르크에서는 서유럽인들이 주도권을 행사했던 것이다. 서유럽 상인들 특히 영국 상인들은 러시아 상인들에게 미리 선금을 주고 러시아의 농산물을 항구로 가져오도록 했으며, 자신들의 선박을 가지고 페테르부르크로 들어와 러시아 농민들이 힘들게 생산한 농산품을 손쉽게 손에 넣었던 것이다. 반면에 러시아 상인들이 자신의 선박을 타고 유럽의 항구에서 무역을 수행하는 경우는 드물었다. 그리고 유럽의 수요 때문에 생긴 높은 농산물 가격 덕분에 귀족들은 자신의 영지에서 농민들이 생산한 농산품을 비싼 값에 팔 수 있었고, 이러한 경제적 성공은 귀족들이 더욱 유럽의 사치품에 물들게 만들었다. 표트르가 처음 시작한 유럽식 파티는 더욱 호화롭고, 세련되게 발전했고, 서유럽의 많은 문물들이 들어와 귀족들이 주도한 러시아 학문과 예술 분야의 성장을 자극했다. 한편 대부분의 상인들과 특히 러시아 인구의 대다수를 차지하는 농민들은 유럽을 들여다볼 기회도, 여력도 없었고, 가끔씩 영주의 허가증을 받아 농산품을 팔기 위해 그리고 품팔이 노동을 하기 위해 도시로 왔을 뿐이다. 이렇게 볼 때 페테르부르크는 단지 러시아 귀족들만이 유럽을 들여다보는 창이었다. 그리고 그 창문은 점차 서유럽 상인들이 러시아로

침투하는 통로가 되어 갔다. 러시아의 위대한 시인 푸시킨은
자신의 산문시 '예브게니 오네긴'에서 19세기 전반 젊은 귀족
의 모습을 통해 이러한 상황을 정확히 묘사하고 있다.

최신 유행의 모범적인 추종자가
옷을 입었다 벗었다 다시 입는
한적한 내실을
있는 그대로 묘사해 볼까?
끝없는 변덕을 만족시키기 위해
런던의 잡화상이 팔아먹는 모든 것,
목재나 수지와 맞바꾸기 위해 발트 해의 물결을 헤치고
우리에게 들여오는 모든 것,
탐욕스러운 빠리의 취향이
수지 타산이 맞는 장사인가 싶으면
오락과 사치와 유행하는 호사를 위해
발명해 내는 모든 것
이 모든 것이 열여덟 살 난 청년 철학가의
내실을 장식해 주었다.[10]

대개혁과 귀족 국가

북방전쟁은 표트르의 강도 높은 개혁을 실현 가능케 했다. 앞에서 언급한 것처럼 전쟁 초기에 러시아는 나르바에서 스웨덴군에게 대패했다. 역설적이지만 이러한 군사적 패배로 표트르는 개혁을 반대하는 세력을 무마시킬 명분을 얻었다. 그는 특유의 선전가여서 국가가 위기에 처한 상황을 극대화하여, 개혁에 필요한 모든 것을 정당화했다. 예를 들어 그는 전국적으로 대포를 만들 철을 무리하게 징발하면서, 반대자들에게 만일 대포를 만드는 데 철을 아낀다면, 나중에 목숨을 내놓을 수밖에 없다며 징발을 정당화했다. 국가가 풍전등화에 처해 있는데, 하지 못할 일이 무엇이겠냐는 물음은 수많은 외세의 침략 속에서 성장한 러시아라는 사회 풍토 속에서 충분한 명분이 되었다. 또한 북방전쟁을 승리로 이끈 이후에도 표트르의 개혁은 힘을 받았다. 러시아의 숙적이었던 스웨덴을 제압하고, 러시아 전래의 영토를 회복한 표트르를 방해할 세력은 없었다. 그는 러시아를 유럽의 강대국 대열에 올려놓았으며, 자신이 창설한 근대적인 육군과 모든 정치 사범을 조사하는 친위대를 거느리고 있었던 것이다.

1698년에 서유럽 방문을 마친 표트르는 러시아로 돌아오자마자 개혁에 착수했다. 표트르가 무사히 돌아온 것을 축하하기 위해 대신들이 차르에게 인사를 드리러 왔을 때였다. 표트르는 대신들의 인사를 받은 후에 갑자기 가위를 꺼내 들어 대신들의 수염을 자르기 시작했다. 표트르는 모두가 거추장스러운 수염을 자르고, 서구식 외모를 갖추기 원했던 것이다. 그런데 수염은 러시아 남성들에게 인간을 동물과 구분해 주는 신이 부여한 성스러운 것이어서, 수염을 자르는 일은 그 자체로 불경스러운 일이었으며, 수염을 잘린다는 것은 큰 수치이자 모욕이었다. 그러나 차르는 단호한 의지를 가지고 대신들의 수염을 잘랐으며, 뿐만 아니라 일반인들도 수염을 깎도록 했고, 민간의 반대가 너무 거세자 수염세를 도입하여, 수염을 기르려면 세금을 내는 칙령을 발했다. 사실 표트르가 수염 기르는 것을 금지한 조치는 표트르 개혁에서 중요한 부분도 아니었고, 실제로 귀족들이 마지못해 따라 했을 뿐 전반적으로는 성공하지도 못했다. 그러나 차르인 표트르가 직접 대신들의 수염을 자른 것은 향후 전개될 강력한 개혁의 양상과 성격을

대신의 수염을 자르고 있는 표트르
대제의 모습.

보여 주는 하나의 상징이었다. 표트르에게 있어 수염은 구 러시아의 상징이었고, 수염을 자르는 것은 서구식 근대화의 상징이었다.

표트르의 개혁은 정치, 군사, 경제, 사회, 문화, 교육 등 손 안 닿은 데가 없을 정도로 광범위했다. 이렇게 광범위하다는 것 자체가 모든 개혁이 성공적일 수 없었으며, 또한 체계적일 수도 없었음을 말해 준다. 표트르는 함께 개혁을 추진할 만한 인재들을 충분히 갖추지 못했으며, 많은 개혁들이 북방전쟁의 와중에서 전쟁의 필요에 따라 즉흥적으로 실시된 측면도 있었다. 따라서 표트르의 개혁이 모누 훌륭한 것은 아니었고, 개혁에 대한 평가 역시 다양하다. 그러나 대부분의 학자들이 동의하는 것은 표트르 시기에 러시아 국가의 대대적인 개혁은 필요했다는 것이다. 러시아가 자신의 전래의 방식대로 살아갈 수도 있었겠지만, 서구식 근대화를 통해 변화하지 않고는 새롭게 부상하는 서유럽 열강의 침입을 막아 낼 수 없었을 것이다. 19세기 초에 나폴레옹이, 20세기 중엽에 히틀러가 러시아를 침략했지만 결국에는 성공하지 못했던 것은 당대 민중들의 영웅적인 투쟁이 결정적인 요인이었지만, 또한 표트르가 18세기 초에 이미 서구식 근대화를 시작했기 때문이기도 하다.

표트르의 개혁 가운데 가장 성공적인 것은 군제 개혁일 것이다. 전쟁을 수행하기 위해서는 군사 개혁을 시행하지 않을 수 없었고, 스웨덴과의 전쟁에서 승리한 것은 그의 군사 개혁이 성공했음을 말해 준다. 기존의 러시아 군대는 주력군인 스트렐츠이와 대귀족이 보유하고 있던 약간의 병사들이 있었으며, 주로 외국 용병들이 지휘를 맡았다. 스트렐츠이는 러시아 군대의 중추 부대였으나, 표트르가 어린 시절에 경험했듯이 이들은 궁정 쿠데타를 일으킨 주역이었으며, 통제가 용이하지 않은 오합지졸이었고, 무기도 빈약한 구식 군대였다. 전쟁이 발생하면 스트렐츠이가 군사 활동을 전개했으나, 실제로 변방의 자유민인 카자크 부대가 활약하는 경우가 많았다. 이는 1696년에 표트르가 아조프를 공격했을 때에도 분명히 드러났는데, 스트렐츠이의 활약은 별 볼일 없었지만, 카자크 부대는 요새를 격파하는 데 결정적인 수훈을 세웠다.

이러한 상황에서 표트르는 스웨덴과의 대전쟁에서 승리하기 위해서 장교 집단과 상비군 창설에 총력을 기울였다. 표트르는 처음에는 외국인 장교들에게 의존했으나, 점차 러시아 장교들로 대체해 나갔다. 이를 위해 포병과 공병 학교를 설립하여 장교들을 양성했으며, 외국의 군사 서적들을 러시아어로 번역하여 보급했다. 장교 집단 이외에도 러시아 상비군을 구축하는 일은 쉽지 않은 과제였다. 표트르는 유럽 방문을 마치고 돌아와 북방전쟁이 시작되기 직전인 1699년에 새로운 징집에 관한 칙령을 내려 약 2만 2천 명의 병력을 모았으며, 이후에도 계속해서 징집을 실시하여 재위 기간 중에 총 53차례의 징집을 통해 약 28만 명의 병력을 증원했다. 또한 신병의 도주를 방지하기 위해 연대 책임제를 마련하여 징집영장을 받고 도주하는 경우 그 친척이 책임을 지도록 했다. 이렇게 해서 표트르가 죽을 무렵 러시아 육군의 숫자는 정규 부대가 21만 명이었고, 자체적으로 조직되어 있던 변경 지역의 카자크인이 10만에 달했다.

표트르는 러시아 해군의 진정한 창설자였다. 그가 어린 시절 창고에서 발견한 배를 수리하여 직접 항해한 이후부터 선박에 대한 그의 관심은 지칠 줄을 몰랐다. 그는 심지어 장성하여서도 "러시아 차르가 되지 않았더라면 대영제국의 제독이 되고 싶다"라고 말했을 정도로 함대를 동경했다. 최초의 러시아 함대는 흑해 함대였다. 1695년 제1차 아조프 원정에 실패한 표트르는 함대의 필요성을 절감하고 아조프 해로 흐르는 돈 강변에 위치한 보로네즈에서 네덜란드와 영국 기술자들의 도움으로 함대를 만들었고, 이는 다음 해에 러시아 군대가 아조프 요새를 점령하는 데 중요한 역할을 했다. 그리고 서구 사절단을 통해 확보한 외국인 전문가들을 흑해 함대의 건설에 투입하여 1698년에 총 52척의 크고 작은 전투용 선박들을 보유하게 되었다. 그러나 1711년에 북방전쟁의 외중에서 오스만 튀르크의 선전포고를 받고 출격한 러시아 군대가 패하면서 흑해 함대는 종말을 맞게 되었다. 이후 러시아 함대의 주도권은 발트 함대로 넘어갔다. 페테르부르크 유역을 점령하면서 발트 함대의 필요성을 느낀 표트르는 네바 강 인근에서 전투함을 건조하기 시작했다. 1703년에 28문의 포를 장착한 슈탄다르트 호가 진수되어 발트 함대 최초의 군함이 되었다. 그리고 페테르부르크의 건설과 함께 해군성이 건설되었는데 해군성은 요새와 조선소의 역할을 동시에 담당하면서 발트 함대에 필요한 전투함을 생산했다. 표트르는 발트 함대에 어머 어마한 예산을 쏟아부었는데, 1701~1709년에 들어간 비용만 약 630만 루블에 달했다. 이를 금으로 환산하면 약 11,200킬로그램이며, 오늘날의 달러화로는 약 3억 1,000만 달러이고, 원화로는 약 4,325억 원에 해당한다.11) 물론 18세기 초와 21세기 초는 물가 수준뿐만 아니라 경제 수준 전반이 다르기 때문에 달러나 원화로 환산한 값을 그대로 받아들일 수는 없다. 그러나 당시 경제 수준으로는 엄청난 예산이 들어갔음은 분명하다. 이렇게 해서 표트르가 사망하기 전해인 1724년에 러시아의 발트 함대는 50문에서 96문의 포를 갖춘 32척의 대형 전투함과 109척의 크고 작은 전투선을 보유하게 되었고, 발트 지역에서 가장 강한 함대로 인정받았다. 러시아 해군은 표트르가 설립한 함대를 바탕으로 더욱 발전하여 18세기 후반 예카테리나 2세 때에는 오스만튀르크를 제압하고 흑해로 진출하는 쾌거를 이루었다. 어린 시절 낡은 창고의 작은 선박에서 시작된 표트르의 꿈은 오늘날 북극해 인근을 누비는 러시아 핵잠수함의 시작이었던 것이다.

표트르는 낡은 국가 행정 기구들을 새롭게 개편해야 했다. 그는 전제 군주제에 대해 확고한 신념을 가지고 있었고, 강력한 중앙 집권화를 이루어 광대한 러시아가 효율적으로 작동하기를 꿈꾸었다. 표트르 개혁 이전에 러시아에서는 차르가 '보야린 두마'라고 부르는 대귀족 회의 기구와 협력하여 통치했다. 이렇게 결정된 사안은 다시 실무를 담당하는 하급 행정 기관인 프리카즈와 기타 지방 행정 기구에 하달되었고, 여기에서 실제 상황에 맞도록 다듬어졌고, 또한 보완을 거쳐 시행되었다. 그러나 필요할 때마다 만들어진 프리카즈는 17세기 말에 그 수가 무려 44개나 되어 업무가 중복되고, 체계적이지도 못해 효율성이 매우 떨어졌다. 표트르는 차르를 정점으로 중앙 집권적으로 움직이는 관료 체제를 구상했다.

국가 최고 행정 기관은 원로원이었다. 표트르는 1711년 터키와의 전쟁을 위해 원정을 떠나면서 기존의 보야린 두마를 대체할 원로원을 만들었다. 그는 총 9명의 측근들을 원로원 의원으로 임명하여 차르의 부재 시에 협의적 통치 기관으로 세웠던 것이다. 처음에 원로원은 임시적인 기관이었으나 곧 상설 기구가 되었고, 각 의원들은 동등한 결정권을 가지며 전체 회의를 통해 문제를 심의하고 결정했다. 또한 1718년에는 잡다한 프리카즈 대신에 11개의 칼레기야를 만들어 실제적인 국가 업무를 수행하도록 했다. 칼레기야는 당시에 가장 중요했던 국가 사안 즉, 전쟁, 해군, 외교, 광업과 화폐, 공업, 상업, 국가 수입, 국가 지출, 감사, 사법, 영지에 관한 업무들을 담당했다. 이는 표트르 치세 때에 다시 수정을 거쳐 12개의 부처로 정비되었고, 18세기 동안 약간의 개편이 있었지만 러시아 국가의 행정을 담당하는 중추 기관으로 기능했고, 19세기 초에 오늘날의 부서로 개편되었다.

또한 표트르는 토지와 인구가 불균형하게 나뉜 기존의 지방행정 기구 역시 개편하여 1708년의 칙령을 통해 전국을 8개의 광역으로 나누고 후에 3개를 추가하여 총 11개의 광역으로 개편했다. 그리고 1719년과 그 이후에는 전국에 50개의 프로빈치야를 설치하여 이를 중심으로 하는 지방 행정 체제를 만들어 중앙에서 관리를 파견했다. 이러한 프로빈치야를 중심으로 이루어지는 지방 행정은 이후 예카테리나 2세 때에 구베르니야라는 체제로 바뀌기까지 러시아 지방 행정의 기본 토대가 되었다.

이렇게 해서 중앙의 원로원, 칼레기야, 지방의 프로빈치야라는 행정 기구가 설립되었고, 표트르는 형식적으로는 지방 분권을 최소화한 중앙 집권적인 체제를 갖추게 되었다. 여기서 권력의 핵심은 차르였다. 차르는 '게네랄-프로쿠로르'라는 총감독관을 임명하여 원로원을 장악했다. 게네랄-프로쿠로르는 원로원에 종속되지 않았고, 원로원의 모든 일들에 관여하고, 원로원의 일들이 올바른지, 실행력이 있는지 감독했다. 한편 원로원은 칼레기야를 관할했다. 칼레기야는 원로원의 칙령들을 실행했고, 결정된 사항과 업무 실행에 관한 보고서를 원로원에 제출했다. 그리고 칼레기야는 중앙 행정 기구로서 지방 행정 기관들에 필요한 업무를 지시했다. 이렇게 해서 지방 행정 기구는 칼레기야에 종속되었고, 칼레기야는 원로원에 종속되었으며, 원로원은 차르가 임명하는 게네랄-프로쿠로르를 통해 차르에 종속되었다. 그리고 표트르는 전통적인 교회 세력을 차르의 세속 정부에 귀속시켰다. 17세기 전반에 직위상으로는 차르와 동등했던 총대주교 자리를 폐지했고, 국가 기구인 신성종무원을 통해 교회를 장악했다.

이렇게 해서 표트르는 기존의 무질서하고, 분권적인 국가 기구를 차르를 정점으로 하는 중앙 집권 체제로 변모시켰다. 그러나 표트르의 중앙 및 지방 행정 조직은 겉보기와는 달리 잘 운영되지는 못했다. 아직 각 중앙 기관들은 업무 처리에 미숙했으며, 권력을 다투는 귀족들의 시기와 반목의 장이 되었고, 지방의 경우 대대적인 부패와 독단의 온상이었다. 심지어 국가 회의 중에도 사적인 얘기가 많아서 표트르는 필요 없는 얘기를 하지 못하도록 하는 칙령을 빌댔을 정노였다. 그러나 이러한 폐단은 이전부터 있어 왔던 것이고, 하루아침에 개혁될 수 없는 성질의 것이다. 어쨌든 표트르의 행정 개혁을 통해 러시아는 이전보다 훨씬 체계적인 국가 운영 시스템을 갖추게 된 것은 사실이다.

표트르의 경제 개혁 역시 전쟁과 밀접한 관련을 맺고 있었다. 러시아의 한 저명한 역사학자가 언급한 것처럼 표트르 시대의 경제 개발은 전시 수요에 힘입은 것이다. 그는 서구 방문을 마치고 돌아오자마자 전쟁을 위해 대대적인 준비 작업에 들어갔다. 새로 군대를 소집하고, 군대를 입히고, 무장시킬 대대적인 생산 라인이 필요했다. 따라서 표트르는 국가 자본으로 군수품과 함대 건설에 직접 관련된 철강, 범포, 조선 등 중공업 기업들을 건설하는 데 박차를 가했다. 그 가운데 우랄의 제철 산업의 육성은 매우 인상적인 성공을 거두었다. 표트르는 1698년에 서구 사절단에서 돌아와서 우랄에 금속 공장 설립을 추진했다. 1701년 말에 첫 주철을 생산한 우랄 공장은 이후 러시아 제철 분야뿐만 아니라 러시아 제조업의 핵심 분야로 발전했다. 이제 러시아는 국내에 필요한 러시아 철을 자체 생산할 수 있었을 뿐 아니라 해외에도 수출했고, 19세기 초 영국에서 산업혁명이 일어나기 전까지 세계 최고의 철강 생산국으로 발전했다.

표트르는 또한 함대 건설에 기반이 되는 산업을 육성하기 위해 국가 재원으로 아마포, 굵은 밧줄 등을 생산하는 국영 기업을 건설했으며, 새롭게 조직된 정규군을 양육하고 무장시키기 위해 군복·무기·모자 공장 등을 건설함으로써 군 수요와 관련된 일련의 기업들을 육성했다. 러시아는 특히 유럽에서 가장 뛰어난 아마와 대마 생산 능력을 기반으로, 18세기 후반에는 아마포와 굵은 밧줄을 영국에 수출하는 수준에 이르렀다. 그리고 표트르는 정부의 재원으로 건설한 국영 기업을 민간에게 양도하는 정책을 추진했다. 국영 기업의 양도는 18세기 초부터 진행되었지만, 북방전쟁에서 승리한 이후 더욱 본격적으로 진행되었다. 예를 들어 우랄의 유명한 제철 기업은 도시민 출신인 니키타 데미도브에게 양도되어 표트르 사후에도 러시아 최고의 철강 기업으로 인정받았다.

한편 표트르의 무역 정책은 조금 다른 성격을 띠었다. 표트르는 페테르부르크를 중심으로 러시아를 무역 강국으로 만들고자 하는 바람을 가지고 있었다. 그러나 그는 북방전쟁을 수행하는 데 필요한 막대한 재원을 마련할 필요성 때문에 무역을 육성하는 정책을 마음껏 펼치지는 못했다. "돈이 전쟁의 핵심이다"라는 표트르의 표현에서 드러나는 것처럼 돈이 나오는 무역 분야는 막대한 재원을 필요로 하는 전쟁 때문에 희생된 측면이 있었다. 페테르부르크 항구를 육성하려는 정책 때문에 많은 상인들은 기존의 무역 루트를 버려야 하는 어려움을 겪었으며, 함대를 건설하기 위한 비용을 부담해야 했고, 국가를 위해 다양한 업무를 수행해야 했으며, 국가 독점의 확대로 피해를 보았다. 때문에 표트르 시기에 상인들이 몰락하는 사례가 많았다. 또한 표트르는 러시아 화폐를 개혁하여 루블과 코페이카를 중심으로 하는 화폐 체계를 마련했지만, 전쟁에 필요한 재원을 확보해야 하는 상황 속에서 화폐를 지나치게 많이 생산함으로써 시장을 교란하기도 했다.

그러나 이러한 표트르의 정책은 전쟁과 개혁에 필요한 재원을 마련하기 위한 측면이 컸으며, 그는 궁극적으로 러시아 경제를 발전시키기 위해 많은 노력을 기울였다. 전쟁이 마무리되면서 표트르는 러시아 무역을 부흥시키는 강력한 조치들을 취했다. 그는 많은 국가 독점 품목들을 자유화했으며, 또한 중상주의 정책을 통해 수출 관세는 낮게 유지하여 수출 무역을 활성화시켰으며, 수입 관세는 높임으로써 자국의 제조업을 보호하는 등 국가 경제의 발전을 위해 많은 조치들을 취했다.

한편 표트르는 교육 및 문화 분야에서도 다양한 개혁을 추진했다. 러시아 최초의 활자 신문을 발행했으며, 기존의 역법을 버리고 유럽식으로 새로운 율리우스력을 채택했고, 자연사 박물관을 비롯하여 여러 박물관들을 세우기도 했다. 그러나 표트르는 특별히 교육에 많은 투자를 했다. 무엇보다 표트르의 관료 체제와 군대 및 함대가 유지되기 위해서는 통치 계급의 문화 수준의 향상이 필요했다. 관료 기구가 확대되면서 글을 아는 관리들이 필요했고, 군대와 함대는 전문적 지식을 습득한 장교를 필요로 했다. 또한 요새와 운하를 건설하고 대규모 공장들을 건설하기 위해서도 전문 기술자들은 필수적이었다.

표트르는 기존에 신학 위주로 전개되던 교육을 세속화하여 과학 분야를 가르치는 여러 학교들을 세웠다. 관료들을 양성하기 위해 지방에 산수 학교들을 설립했고, 군인의 자녀는 군인 학교에서 공부하도록 했다. 그는 특히 국가 통치의 중심 그룹이었던 귀족들의 교육에 관심이 많았다. 표트르 정부는 귀족들의 항해 기술 습득을 위해 귀족 자제들을 러시아 학교에서 공부시키기도 했지만, 해외로 유학을 보내기도 했다. 그리고 외국에서 돌아온 항해사들은 러시아에 돌아온 직후 시험을 치러야 했는데, 표트르가 직접 시험장에 참여하는 경우도 종종 있었다. 심지어 표트르는 1714년에 학업을 회피하는 귀족 젊은이는 결혼을 못하도록 하는 칙령을 내렸다. 물론 이러한 칙령이 실제로 시행되기는 어려웠겠지만, 교육에 대한 표트르의 열정을 잘 보여 주는 일화이다. 실제로 차르의 신임을 얻기 위해 자발적으로 유학을 가는 귀족들도 있었다. 표트르 톨스토이라는 귀족은 결혼을 했고, 손자까지 있었지만 베네치아로 유학을 떠났고, 배운 지식을 바탕으로 외교관으로서 큰 활약을 했다. 전반적으로 볼 때 표트르가 관심을 가진 교육은 군사·광업·산수·건설 등 실용적인 분야에 치우친 교육이었다. 그러나 표트르 이후 계명 귀족들은 서구와 접촉하며 서구의 인문학적 성과들을 흡수하게 될 것이며, 러시아의 토양 속에서 그것들을 창조적으로 발전시킬 것이다. 푸시킨, 도스토예프스키, 톨스토이, 차이코프스키 등 많은 인문·예술 분야의 거장들은 표트르의 서구화에 빚지고 있는 것이 사실이다.

표트르의 사회 개혁은 가장 예민한 문제였다. 표트르의 군사·행정·경제 개혁은 시행 과정에서 실수도 있었고, 또 시행 여파로 부작용도 있었지만, 어쨌든 당시 러시아가 처한 상황 속에서 필요한 것이었고, 어쩔 수 없는 측면도 있었고, 앞으로 개선의 여지도 있었다. 그러나 국가와 귀족, 귀족과 농민 사이의 관계를 규정하는 사회 개혁은 매우 예민한 문제였고, 한번 고착된 사회 구조는 앞으로 러시아 국가의 발전 방향을 결정지을 중요한 문제였다. 결론적으로 말하자면 표트르는 새로운 계급 관계를 토대로 한 사회 구조를 만들지는 못했으며, 더욱이 표트르 자신이 그러한 생각을 갖고 있지도 않았다. 그의 모든 개혁의 목표는 러시아 국가를 부강하게 하는 것이었고, 이를 위해 차르, 귀족, 농민, 상인 등 모든 이들이 봉사해야 된다는 생각이었다. 이러한 목적을 위해 표트르는 차르를 중심으로 기존의 사회 구성원들을 재편해야 했다.

표트르 개혁 이전에 러시아의 귀족들은 대장원을 소유하고 막강한 영향력을 가진 전통 대귀족과 신흥 소귀족으로 나뉘어 있었다. 전통 대귀족들은 대귀족 회의의 주도 세력이었고, 일부 대귀족은 자신의 군사도 가지고 있었다. 반면 작은 영지만을 소유한 신흥 소귀족들은 표트르의 새로운 제국 건설이 하나의 기회였다. 표트르가 건설하려는 사회 속에서 자신의 능력을 인정받아 새로운 기득권으로 성장할 수 있는 가능성을 보았던 것이다. 표트르는 하나의 동질적인 통치 집단을 만들기 위해 전통 대귀족과 신흥 소귀족 사이의 차이를 없애고, 법률상으로 단일한 봉사 귀족 집단을 만들어 평생 국가에 봉사하도록 규정했다. 그리고 국가 봉직의 대가로 토지를 분배하는 대신, 화폐로 봉급을 지급했다. 단지 특별한 공로를 세운 사람에게만 국가 영지를 하사했다. 표트르는 1714년에는 일자 상속제를 실시하여 귀족들이 토지를 아들 한 명에게만 상속하도록 하여, 토지가 세분되는 것을 막고, 토지를 상속받지 못한 다른 아들들은 국가 봉직이나 또는 상업 활동을 통해 생계를 유지하도록 했다.

특히 표트르는 1722년에 국가 관료들의 서열을 정한 관등표를 만들어 모든 귀족들이 가문의 후광이 아니라, 능력과 경험에 의해 승진하는 체제를 구축했다. 표트르는 자신이 전쟁을 치르면서 배운 중요한 원칙, 즉 모두가 말단에서부터 시작해서 능력에 따라 승진해야 한다는 원칙을 관철하고자 했다. 표트르 역시 차르였지만 처음에 병졸로 들어가 여러 일들을 배운 후에 초급 장교로 승진했고, 폴타바 승리 후에 육군 대장이 했고, 최종적으로 전쟁이 끝난 후에 해군 대장으로 승진했던 것이다. 관등표에 따르면 비귀족 출신들도 능력과 업적에 따라 귀족 신분에 편입될 수 있었으며, 실제로 일부 타 계급 출신들이 귀족으로 편입되기도 했다. 그럼에도 불구하고 표트르의 능력 위주의 관등 체계는 귀족 신분 내에서 이루어진 것이었다. 실제로 중앙 및 지방의 국가 행정 기구나 군대에서 주요 직책은 귀족들이 독식했기 때문이다. 귀족들은 평민들과는 달리 새로운 국가 기구에 편입되기 위해 필요한 교육을 받을 수 있었고, 권력에 가까이 있던 근위대에는 귀속만이 들어갈 수 있었다.

표트르의 체제 속에서 농민들 역시 국가에 봉사해야 했다. 농민들은 국세를 납부해야 했으며, 러시아 군대를 충원해야 했고, 국가의 각종 부역을 떠맡아야 했다. 또한 농민들은 표트르의 체제 속에서 평생 국가에 봉직할 귀족들의 경제를 책임져야 했다. 따라서 표트르는 농민들을 안정적으로 관리할 필요가 있었고, 이를 위해 농민들을 토지에 결박시키는 정책을 폈다. 이러한 정책은 표트르 치세 동안 꾸준히 지속했지만, 특히 1722~1724년에 실시된 전국적 규모의 인구 조사를 계기로 더욱 확고히 진행했다. 즉, 러시아 모든 신분의 인구를 조

아들을 군대에 보내는 러시아 어머니와 마을 사람들의 모습.

사하면서, 여러 부류의 농민들의 수를 파악할 수 있게 했고, 이들을 하나의 단일한 신분으로 묶어 놓았던 것이다. 즉, 기존에 자유인으로 분류된 부랑자들이나 주인이 죽은 후에 자유를 얻을 가능성이 있던 가속 노예, 그리고 국가 소유의 토지에서 살던 농민들 모두 단일한 농노 계급이 되었다. 이들은 장정 1인당 74코페이카의 인두세를 납부해야 했는데, 인두세는 새로 편성된 러시아 군대를 양육하고, 무장하는 핵심 세원이었다. 그리고 농노들은 이러한 인두세 이외에도 역사가들이 그 규모를 추정하기 조차 힘든 각종 특별세를 국가에 납부해야 했고, 토지 귀족인 영주에게는 지대를 납부해야 했다. 그리고 1720년대의 인구조사 이후에 농민들은 자신의 거주지에서 30베르스타를 벗어나는 경우 주인에게 허가증을 받아야 했다. 이렇게 해서 러시아 농민 계층은 토지에 결박된 농노 계급으로 편재되어 러시아 농노제는 새로운 전기를 맞았다.

전반적으로 표트르의 사회 개혁은 귀족과 농민 모두를 국가 봉사에 묶어 놓는 것이었다. 그러한 점에서 그는 공평했다. 그러나 표트르 같은 특별한 능력을 가진 차르 이외에는 이 체제를 유지할 수 없었다. 표트르가 창설한 근위대 장교들은 18세기 궁정 쿠데타의 주역으로 귀족의 입장에 배치되는 차르를 제거하고 새로운 차르를 옹립하곤 했다. 예카테리나 대제 역시 친위대 장교들의 힘을 통해 남편인 표트르 3세를 제거하고 러시아 제국의 차르에 등극했으며, 알렉산드르 1세 또한 귀족들이 아버지 파벨을 죽이고 자기를 차르로 세운 것을 알고 있으면서도 모른 체해야 했다. 이렇게 해서 표트르 사후에 점차 귀족들은 봉직에서 해방되었다. 1730년에 이미 표트르가 정한 일자 상속제가 폐지되었고, 귀족의 복무 기간도 줄어들어 마침내 1762년에 귀족들은 국가 봉직으로부터 자유롭게 되었다. 한편 18세기 내내 농민들은 귀족들에게 더욱 예속되었다. 농민들은 군주에게 충성 서약을 하는 계급에서도 제외되었고, 귀족들의 자의적인 재판을 받게 되었다. 18세기 동안 러시아 농민들의 생활수준은 하락했는데, 이는 농민들의 평균 신장이 줄어든 것에서 잘 드러난다. 농민들의 신장은 러시아 국가가 많은 전쟁을 통해 승승장구했으나, 세금 부담이 많았던 표트르 시기와 예카테리나 2세 때에 크게 줄어들었다. 평균 신장의 하락은 생활수준의 하락을 보여 주는 중요한 지표이다.

개혁이 가져온 아픔

표트르가 추진한 전쟁과 개혁은 러시아 국가를 정비하고, 사회를 공고히 통합시킨 측면도 있었지만, 또한 심각한 분열을 불러일으키기도 했다. 표트르의 반대 세력은 옛 귀족, 성직자, 상인, 농민뿐만 아니라 심지어 그의 가족들을 포함하는 다양한 부류의 사람들이었다. 이들에게 표트르는 성스러운 러시아 전통을 말살하는 해로운 군주였고, 품위를 모르는 난봉꾼이었으며, 자비심이라고는 찾아볼 수 없는 냉혈한이었다. 심지어 표트르를 적그리스도로 주장하는 이들도 생겨났다. 모든 중요한 개혁에는 반대 세력이 있기 마련이며, 표트르에 대한 반대도 어쩔 수 없는 측면이 있었을 것이다. 그러나 또한 표트르의 개혁이 지나치게 일방적인 측면도 있었고, 자신에 대한 반대를 포용하지 못한 표트르의 성격에도 문제가 있었다. 스트렐츠이의 궁정 쿠데타로 생명의 위협을 느끼면서 주변 사람들이 죽어 가는 것을 지켜보아야 했던 어린 시절의 기억은 표트르의 가슴 한구석에서 가끔씩 발작을 일으켰다. 그가 측근들과 술을 마실 때에도 화가 나면 가끔씩 상대를 죽일 듯이 분노를 억제하지 못했는데, 그가 가장 신뢰하는 사람만이 그의 분노를 진정시킬 수 있었으며, 그 가운데 한 사람이 그의 두 번째 부인이 된 마르타였다.

이렇게 그는 항상 자신에게 반대하는 세력에 대해 민감한 반응을 보였고, 일찍부터 자신의 정적을 제거할 정치경찰을 가동했다. 그는 러시아 제국을 직접 통치하기 시작한 후 얼마 지나지 않아, 1698년에 자신이 어린 시절 전쟁놀이를 하면서 키웠던 프레오브라젠스크 연대의 수뇌부에게 러시아 전역에서 정치범을 색출할 사법권을 부여했다. 이들은 러시아에서 처음으로 출현한 정치경찰이었고, 정치범의 지위 고하를 막론하고, 혐의에 관계없이 수사권을 발동할 수 있었다. 또한 아들 알렉세이와 관련한 반역 세력을 조사하기 위하여 페테르부르크에 비밀 사무국을 설치했고, 이 기구는 1718년부터 표트르가 죽은 1725년까지 370건의 중범죄를 심판했다. 사실 표트르와 관련된 일화들을 자세히 살펴보면 그가 전혀 동정심이 없는 잔혹한 사람만은 아니었던 것 같다. 강물에 빠진 병사들을 구하기 위해 직접 물속으로 뛰어드는 모습이나, 반역죄로 몰린 아들 알렉세이를 재판할 때 보여 준 부정이나, 반역 세력과 함께 한 전처 예브도키야를 살려 준 것 등을 볼 때 표트르에게도 인간적인 감정은 있었다. 다만 표트르는 자신의 사명에 대해 지나치게 집착했던 것 같다. 그는 자신이 추진하는 개혁이 러시아를 위해 반드시 필요한 것이라고 철석같이 믿었으며, 그러한 개혁을 추진하는 데 있어서 모든 노력을 기울였는데, 그가 직면한 러시아의 후진적 상황은 그를 조급하고, 때로는 잔혹하게 만들었다. 그러나 이 모든 것이 옳다고 해도 자신의 반대 세력의 입장에 귀 기울이지 못하고, 포용하지 못했던 것은 표트르 개혁의 큰 폐해로 남았다. 표트르 개혁이 당대의 전통적 가치관을 가진 사람에게 미친 영향을 보기 위해 표트르의 첫 번째 부인 예브도키야와 그의 아들 알렉세이를 소개하는 것이 좋을 듯하다.

예브도키야와 알렉세이는 표트르의 개혁 속에서 가장 큰 비극을 겪은 황실 가족이었다. 예브도키야는 열아홉 되던 해인 1689년에 열여섯이었던 소년 표트르의 부인으로 간택되어

표트르의 첫 번째 부인 예브도키야의 초상화.

황후가 되었다. 그녀는 전통적인 귀족 가문의 딸이었고, 독실한 정교 신자였다. 표트르가 젊은 시절 한창 러시아 각지를 돌아다닐 때에도 예브도키야는 조신한 아내로서 남편을 걱정했고, 그에게 자주 편지를 보냈으며, 사랑스럽게 남편의 안부를 묻고 그의 사랑을 확인하고 싶어 했다. 그런데 표트르가 예브도키야에게 보낸 편지는 찾아볼 수 없는데, 아마도 표트르는 처음부터 자신의 아내에게 그다지 끌리지 않았던 것 같다. 결국 시간이 흐를수록 예브도키야에 대한 표트르의 애정은 식어갔다. 예브도키야가 남긴 편지들을 보면 그녀가 한 사람의 여자로서 표트르에게 얼마나 사랑받기를 원했는지 알 수 있다. 그러나 표트르는 이미 외국인 촌의 왁자지껄한 파티장에서 만난 '안나 몬스'라는 외국인 여자를 정부로 두고 있었다. 예브도키야는 러시아 전통의 기정교육을 받은 데다, 남편이 천한 출신의 외국인 여자와 놀아나면서 많은 상처를 받아서, 자연스럽게 외국인을 혐오하게 되었다. 한편 표트르는 아랑곳하지 않고 특유의 열정으로 러시아를 돌아다녔고, 급기야는 서구 사절단에 끼여 유럽으로 떠나 버렸다. 그리고 표트르는 유럽에서 바쁜 시간을 보내면서도 예브도키야가 자발적으로 황후의 자리에서 물러나 수녀가 될 것을 명했다. 예브도키야는 계속해서 표트르의 명령을 거부했지만, 결국 표트르는 1698년에 서구 여행에서 돌아와서 그녀를 강제로 러시아의 고도시인 수즈달의 포크로프스키 수도원으로 보내 수녀가 되도록 했다. 그녀의 수녀명은 엘레나였으며, 그녀는 1718년까지 20년의 세월을 수즈달의 수녀원에서 수녀로서 살아야 했다.

그래도 신혼 초에 표트르는 왕위를 잇기 위한 기본적인 의무는 잊지 않아, 1690년에 예브도키야와의 사이에서 한 아이를 낳았다. 이 아이가 비운의 황태자 알렉세이였다. 알렉세이의 운명은 어머니의 배 속에서부터 고난의 연속이었다. 1690년에 스트렐츠이의 반란으로 표트르는 세르게이 수도원으로 먼저 피신했고, 표트르의 어머니 나탈리야와 황후 예브도키야는 나중에 전갈을 받고 두려운 마음에 황급히 말을 달려 수도원으로 들어왔다. 이때 예브도키야는 알렉세이를 임신하고 있었던 것이다. 알렉세이는 어린 시절에는 어머니 예브도키야와 함께 살 수 있었지만, 여덟 살 되던 해인 1698년에 예브도키야가 수도원으로 쫓겨나면서 어머니와 떨어져 살아야 했다.

표트르는 아들 알렉세이의 성격을 못마땅하게 생각했지만, 분명 아버지로서의 정을 느끼고 있었으며, 또한 공식적으로 자신을 계승할 황태자를 버릴 수는 없는 일이었다. 따라서 표트르는 알렉세이를 자신의 후계자로 인정하고, 자신의 개혁을 이어 받기에 부족함이 없도록 철저한 교육을 시키려 했다. 표트르는 자신이 어린 시절에 자유분방하게 자라면서 얻은 것도 많았지만, 체계적인 공부를 못했기 때문에 많은 점에서 부족하다는 것을 알고 있었다. 그래서 자신의 개혁을 이어나갈 계승자인 알렉세이는 어렸을 때부터 독일인 가정교사를 두어 체계적으로 교육했고, 알렉세이가 크자 차르의 업무를 배우도록 하기 위해 전쟁터에도 데리고 다니며 작은 전투 임무들을 맡겼다. 그러나 알렉세이는 아버지인 표트르와는 성격이 달라 천성적으로 전쟁이 맞지가 않았다. 그는 사색적이었으며, 종교적이었고, 소심한 성격의 소유자였다. 물론 알렉세이의 소심한 성격은 표트르가 조장한 측면도 있었다. 표트르는 알렉세이의 어머니 예브도키야를 노골적으로 싫어했으며, 결국에는 수도원으로 보내지 않았던가? 알렉세이는 어린 시절부터 아버지 표트르를 두려워했고, 그가 성장한 후에 이러한 두려움은 특유의 소극적인 반항으로 변했다. 알렉세이의 경우 두려움과 반항은 같은 맥락에 있었다. 알렉세이는 강압적인 아버지가 무서웠고, 심리적인 두려움을 은폐하려는 마음은 반항으로 표출되었다.

표트르는 위대한 차르였고, 지칠 줄 모르는 개혁가였지만, 그의 전쟁과 개혁은 많은 반대 세력을 만들었다. 표트르 통치 시기 내내 크고 작은 전쟁이 지속되었다. 이러한 전쟁은 국가 경제를 극도로 쥐어짜게 만들었으며, 표트르의 개혁은 국민들에게 생활이나 의식에서 너무나 급격한 변화를 요구했다. 전통 귀족들은 조상 전래의 고향 모스크바를 버리고 페테르부르크로 이주해야 했으며, 표트르가 등용한 소귀족들이 출세하여 군림하는 것을 감내해야 했다. 더욱이 표트르가 세운 관료 체제 속에서 외국인들이 고위직을 차지하며 러시아 귀족 위에 있는 모습을 지켜봐야 했다. 표트르가 세운 체계 속에서 경쟁에 성공한 귀족들은 많은 혜택을 볼 수 있었지만, 그렇지 못한 대다수의 귀족들은 과거를 그리워하며 표트르에게 반감을 가지게 되었다. 성직자 역시 마찬가지였다. 성직자들은 총대주교를 잃었으며, 계속되는 교회 개혁으로 소외감을 느꼈으며, 또한 표트르가 만든 신성종무원의 지시를 받아야 했다. 또한 성직자들이 가졌던 기존의 전통적 자치권과 특권 역시 크게 줄었다. 이제 성직자들은 일반적 범죄의 경우에도 더 이상 교회 재판장이 아닌 세속의 재판장에 서야 했다.

또한 표트르는 국민들의 정서가 허락하기 힘든 행동을 함으로써 비난의 빌미를 제공했다. 전통적으로 차르는 종교 의식이나 국가 의식에서 근엄하고, 품위 있는 모습으로 등장해야 했으나, 표트르는 성격상 그러한 것들을 할 수 없었다. 그는 자유분방했으며, 외국인들과 어울리고, 외국인 여자를 정부로 두었으며, 러시아 전통 가문의 딸인 예브도키야를 내쫓고 출신도 알 수 없는 외국인 포로를 황후로 맞아들였다. 더욱이 표트르는 서구식 근대화를 추진하면서 국민들의 수염을 기르지 못하도록 했고, 러시아 전통 의상을 버리고 유럽 옷을 입도록 강요했다. 당시 많은 사람들은 표트르에 대한 불만을 가지고 있었으며, 이는 당시에 만들어진 표트르에 대한 악의적인 전설과 민요 등에서 잘 나타난다. 이러한 상황에서 자연스럽게 표트르를 반대하는 세력들은 황태자 알렉세이와 폐비 예브도키야에게 희망을 가지게 되었고, 이 둘은 자연스럽게 반표트르 세력의 구심점이 되었다. 물론 강력한 군대를 가지고, 자신의 세력을 견고히 한 표트르 앞에서 공공연하게 불만을 표시하지는 못했다. 다만 표트르가 빨리 죽기를 바랐고, 알렉

세이가 차르가 되어 러시아를 이전의 모습으로 돌려놓기를 희
망했던 것이다.

한편 표트르는 나름대로 알렉세이를 변화시켜 보려고 애
썼다. 그는 1709년에 서구식 교육을 시키기 위해 독일의 아름
다운 도시 드레스덴으로 아들을 유학 보냈다. 알렉세이는 그
곳에서 서구식 교육을 받았는데, 그는 아버지의 의도대로 서
구의 문물을 배우기보다는 주로 교회의 역사에 관해 관심을
가졌다. 표트르는 이번 기회에 아들을 유럽의 유수한 가문의
공주와 결혼시킬 작정으로 하노버 가의 공주 샤를로테(Charlotte
Sophia)와 결혼하도록 명했다. 알렉세이는 아버지의 뜻을 따라
1711년에 샤를로테 공주와 결혼해서, 러시아로 돌아와 살게
되었으나, 둘의 사랑은 오래가지 못했고, 알렉세이는 표트르
가 발트 지역의 포로 마르타를 사랑했던 것처럼 전쟁 포로로
잡혀온 '예프로시니야'라는 핀란드 소녀를 사랑하게 되었다.
알렉세이 역시 왕위를 잇기 위한 기본적인 의무는 수행하여
샤를로테와의 사이에서 표트르라는 사내아이를 얻었으나, 그
녀는 아이를 낳고 두 달 후에 열병으로 사망했다.

표트르는 계속해서 알렉세이에게 자신의 개혁을 물려받을
것을 종용하고, 잘 따라와 줄 것을 당부했다. 그러나 알렉세이
의 행동에 변화가 없자, 만일 아버지의 뜻을 따르지 않는다면
왕위 계승권을 박탈할 수 있다고 위협하기도 했다. 알렉세이
는 특유의 수동적인 저항으로 일관하여, 차라리 왕위 계승을
포기하겠다고 답했다. 그러나 표트르는 간단히 포기하지 않았

고, 이후에도 여러 차례 아들을 타일렀고, 왕위 계승을 포기하
는 일이 어떤 일인지 설명해 주기도 했다. 그럼에도 불구하고
표트르는 알렉세이를 설득할 수 없었다. 그는 왕위를 계승하
기보다 차라리 수도원에 들어가 수도승이 되겠다고 답했다.
그리고 나서 알렉세이는 1716년에 표트르가 출타한 틈을 타
서 자신이 사랑하던 예프로시니야와 함께 빈으로 그리고 나중
에는 나폴리로 도망해 버렸다. 아들의 도피 소식을 알게 된 표
트르는 크게 노하여, 외교관으로 활약했던 톨스토이를 보내
알렉세이를 데리고 오라고 명령했다. 톨스토이는 나폴리에 묵
고 있는 알렉세이를 설득했지만 쉽지 않았다. 결국 톨스토이
는 알렉세이가 사랑하는 예프로시니야를 나폴리에서 추방하
도록 계략을 써서 알렉세이를 압박했다. 결국 알렉세이는 항
복하여 러시아로 돌아갈 것을 약속하고, 대신 자신을 용서해
줄 것과 예프로시니야와의 결혼을 허락해 줄 것을 요청했다.
표트르는 이 두 가지 사항을 약속하고 알렉세이를 러시아로
불러들일 수 있었다.

　표트르는 단단히 벼르고 있었다. 그는 알렉세이를 중심으로
모종의 반역이 있었다고 확신했고, 알렉세이가 돌아오자 대대
적인 수사를 시작했다. 알렉세이의 측근들과 그의 어머니 예
브도키야에게까지 수사는 확대되었다. 그 과정에서 알렉세이
의 피신을 도운 사람들이 밝혀졌고, 또한 놀랍게도 예브도키
야의 부적절한 수녀원 생활이 드러났다. 그녀가 언제부터인가
수녀복을 입지 않고 평상복을 입었으며, 황후처럼 명령하며

생활했던 것이다. 어찌 보면 유배라고 할 수 있는 곳에서 그녀가 그럴 수 있었던 것은 표트르의 개혁에 반대하는 세력이 그녀를 떠받들었으며, 또한 그녀의 아들 알렉세이가 차르가 되면 그녀가 다시 권력을 잡게 될 것이라는 생각에 사람들이 그녀에게 순종했기 때문이었다. 그런데 조사 결과는 그것으로 끝나는 것이 아니었다. 뜻밖에도 수녀였고 한때 황후였던 예브도키야는 은밀히 다른 남자를 사귀고 있었음이 드러났다. 러시아 제국의 육군 소장인 스테판 글레보브가 내연의 남자로 밝혀졌다. 그는 러시아 전통 귀족 출신이었으며 많이 배우지는 못했으나, 상당한 미남이었고, 사내다운 사람이었다고 한다. 그리고 그는 표트르가 추진하는 개혁과 서구 문물의 도입을 매우 못마땅하게 생각하는 사람이었다. 이렇게 해서 자연스럽게 표트르의 반대 세력은 표트르에게 버림받은 황후 에브도키야 주변에 모이게 되었고, 이러한 회합 가운데 결국 예브도키야와 스테판은 금방 의기투합하게 되었고, 깊은 관계로 발전했던 것이다.

1718년 3월 15일 모스크바의 붉은 광장에는 수많은 구경꾼이 모여들었다. 황태자 알렉세이와 관련된 사람들에 대한 잔인한 숙청이 진행되었다. 뼈가 꺾이고, 근육이 터지는 잔인한 처벌이 있었고, 아름답다는 뜻의 붉은 광장은 피로 붉게 물든 광장이 되었다. 알렉세이의 피신을 도운 이반 키킨과 예브도키야의 내연남 스테판은 참혹하게 죽어갔다. 당시 붉은 광장에 있던 목격자에 따르면 표트르는 망루에 매달려 죽어 가는

모스크바 붉은 광장의 연단. 이곳에서 칙령을 발표하고, 반역자들에 대한 사형을 선고하기도 했다.

스테판에게 다가가 욕을 퍼부었는데, 그는 표트르에게 침을 뱉고, 끝까지 고통을 참으며 숨을 거두었다고 한다. 물론 이는 역사적 사실과는 거리가 먼 과장된 목격담일 수도 있으나, 이러한 과장 역시 당시 표트르를 반대하는 세력의 심성을 보여주는 좋은 증거이다. 그러나 잔혹한 처벌과 심문에도 불구하고 표트르는 반대 세력이 단순히 알렉세이의 피신을 돕고, 차르를 모욕하고, 예브도키야의 부적절한 생활에 관여한 죄목을 제외하면, 다른 구체적인 반역의 음모를 발견하지는 못했다.

표트르는 알렉세이의 애인 예프로시니야를 심문할 것을 결정했다. 그녀는 겁에 질려 순순히 모든 것을 털어놓았다. 그녀는 알렉세이가 표트르를 비난했으며, 자신이 차르가 되면 모스크바로 수도를 옮길 것이며, 더 이상 전쟁도 하지 않겠다는 말을 했다고 진술했다. 표트르는 예프로시니야의 얘기를 듣고 반란이 분명하다고 확신했다. 표트르는 특별 재판부를 구성하여 알렉세이를 재판했고, 전통적 러시아 방식대로 고문이 가해졌다. 알렉세이는 심한 고문 끝에 자기가 아버지를 죽이려 했으며, 외국군의 힘을 빌려 왕위를 빼앗으려 했다고 자백했다. 자백 이외에 구체적인 증거는 확보하지 못했지만, 당시 러시아 재판은 범인의 자백만으로 죄를 확정 지을 수 있었다. 알렉세이는 생부 살해 음모 및 반역 음모로 사형을 선고 받았다. 마지막 표트르의 서명만이 남았다. 표트르는 마지막 서명을 주저했지만 알렉세이는 이미 모진 고문 탓인지 표트르-파벨 요새의 한 감옥에서 숨을 거두었다. 그리고 알렉세이와 관련된 나머지 인물들도 그해 말에 최종 판결을 받고 모두 교수형에 처해졌다. 표트르는 전처 예브도키야에게는 사형을 선고하지 않고 러시아의 고도 '스타라아 라도기'의 한 수도원으로 유배를 보내는 것으로 일을 마무리했다.

표트르의 첫 번째 부인 예브도키야는 한 사람의 평범한 여인이었다. 그녀는 특정한 정치적 입장을 가지고 있지는 않았던 것 같다. 황태자 알렉세이의 재판과 관련하여 유죄를 선고받은 사람들이 참혹한 고문 속에서도 자신의 주장을 굽히지 않고, 의연히 죽어 갔지만 그녀는 모스크바로 압송되면서 표트르에게 편지를 보내 살려 달라고 간청했다. 그녀는 처음에 시집와서 표트르의 사랑을 갈구했으나, 결국 남편에게 버림받았고, 전 남편에게서 받지 못한 사랑을 스테판에게서 구했던 것 같다. 그러나 이제 사랑하는 스테판을 잃고, 더욱이 그보다

더 사랑했을 아들 알렉세이마저 잃고서 그녀는 스타라야 라도
가의 한 수도원에서 신께 기도드리며 참다운 수녀 생활을 시
작했다. 그녀의 마지막 남은 희망은 알렉세이와 샤를로테 사
이에서 태어난 손자 표트르가 표트르 2세로서 왕위에 오르는
것이었다. 그러나 그녀의 희망은 산산조각이 났다. 표트르가
죽고 손자가 왕위에 오르기는커녕, 기득권을 잃지 않기 원했
던 표트르 측근들의 도움으로 그녀의 연적이며 표트르의 두
번째 부인인 마르타가 예카테리나 1세로 차르에 등극한 것이
다. 예브도키야는 스타라야 라도가의 수도원에서 쉴리셀리부
르크 요새로 옮겨졌다. 요새에서의 생활은 더욱 혹독했다. 수
도원과 달리 요새는 정치범을 수용하는 감옥이나 다름없었다.

표트르의 개혁이 전개되는 와중에서 예브도키야의 일생은
개혁을 반대하는 러시아 상류층의 단상을 잘 보여 준다. 그녀
는 평범한 여인이었지만, 그녀의 의지와 상관없이 그녀의 삶
은 평범할 수 없었다. 자신의 잘못과 상관없이 평생을 수도원
에서 그리고 요새에서 보내야 했던 예브도키야는 표트르의 개
혁이 남긴 하나의 아픈 자국이었다. 다행히 그녀의 말년에 평
안은 왔다. 예카테리나 1세가 죽고 드디어 손자 표트르 2세가
차르가 되어 그녀를 모스크바로 모셨던 것이다. 그녀는 손자
와 만난 마차 속에서 하염없는 눈물을 흘렸다고 목격자들이
전한다. 그녀는 모스크바 인근의 노보데비치 수도원에서 조용
히 인생을 마감했다.

한편 표트르의 전쟁과 개혁은 귀족 및 성직자 같은 상류층

뿐만 아니라 평범한 도시민들과 농민들의 삶을 피폐하게 만들었다. 표트르가 추진한 개혁의 외중에서 상인과 농민 개인의 삶이 구체적으로 어떠한 우여곡절을 겪었는지 남아 있는 자료는 없지만 여러 정황들로 보아 상류층과는 비교할 수 없는 큰 어려움을 겪었음은 쉽게 짐작할 수 있다. 표트르는 통치 기간 중에 북방전쟁뿐만 아니라 수많은 크고 작은 전쟁에 관여했다. 그의 통치 기간 중에 단지 1724년 한 해만 전쟁이 없이 지나간 해로 기록되어 있을 정도다. 이러한 전쟁을 수행하기 위해 수많은 도시민과 농민들이 징집되었으며, 당시 상황에서 징집은 죽음을 의미했다. 특히 북방전쟁 전반기인 1699~1714년의 15년 동안 육군과 해군의 충원을 위해 약 33만 명 이상이 민병이나 정규군으로 징집되었고, 이는 매년 2만 2천 명 이상의 건장한 농민들이 농촌에서 사라졌음을 의미한다. 처음에 징집 연령은 15세부터 20세 사이의 남성이었으나, 이후에는 연령 제한이 40세까지 늘어났고, 심지어 오스만튀르크와 전쟁이 있었던 1711년에는 50세까지 확대되었다. 따라서 처음에는 단지 미혼 남성들만 징집했으나 점차 기혼 남성에까지 징집이 확대되었던 것이다. 한번 징집을 당하면 평생 군에 복무해야 했고, 가족으로부터 영영 떠날 수밖에 없었다.

농민들은 징집 이외에도 수많은 국가사업에 동원되었다. 함대 건설, 새로운 도시 건설, 운하 건설 등은 막대한 노동력을 필요로 했고 이는 주로 농민들이 감당할 몫이었다. 1704년부터 페테르부르크 건설에 3차례에 걸쳐 4만 명이 동원되었으며, 수천 명의 사람들이 힘겨운 노동과 열악한 주거 환경, 변변치 못한 음식으로 사망했다. 이외에도 표트르의 국가 개혁은 많은 재정을 필요로 했고, 이는 상인들과 농민들의 몫이었다. 이러한 상황 속에서 중앙으로부터 멀리 떨어진 지역에서는 농민 봉기가 속출했다.

아스트라한은 볼가 강 남부의 상업 도시인데 1705년에 큰 봉기가 있었다. 정부의 소금 전매로 소금 가격이 2배나 올랐으며, 수많은 세금 징수로 부담이 극에 달했다. 개인 사우나, 술 창고, 심지어 화로에도 세금을 매겼으며, 결혼식에도 세금을 물렸다. 수염을 기르려면 가장 가난한 사람들도 10코페이카의 세금을 내야 했다. 또한 표트르가 추진하는 유럽 문화를 도입하는 데 대한 반감도 컸다. 정부는 전통적인 긴 옷을 입지 못하게 하고, 짧은 외국인 복장을 강요했으며, 새로운 복장을 준비할 충분한 시간도 주지 않았다. 갑작스럽게 종교 축일 때에 교회에 들어가는 사람들에게 긴 옷을 자르도록 한 조치는 시민들을 극도로 분노하게 했다. 더욱이 헛소문까지 돌기 시작했다. 즉, 표트르가 앞으로 7년 동안 결혼을 금지시킬 것이며, 모든 처녀들을 외국인과 결혼시킬 것이라는 소문이 퍼진 것이다. 이러한 소문은 근거가 없는 것이었지만, 당시 아스트라한 시민들은 이러한 소문을 믿었으며, 이는 표트르의 일방적이고 극단적인 정책이 가져온 불신의 결과였다. 실제로 1705년 7월 29일에만 100건의 결혼이 갑작스럽게 이루어졌고, 이는 외국인과의 결혼을 피하기 위한 것이었다. 결국 1705

년 7월 30일에 봉기가 일어났으며 중앙에서 파견한 정부군에
의해 진압당했다.

　아스트라한 봉기에 이어서 1705~1711년에는 바쉬키리에
서도 봉기가 있었고, 1707~1708년에는 돈 강에서 불라빈이
이끄는 봉기가 있었다. 돈 강 유역은 중앙에서 도주한 농민들
이 정착하는 곳이었는데, 정부가 이들을 색출하기 위해 군대
를 파견하면서 거대한 봉기로 불거졌다. 이러한 농민 봉기는
강력한 표트르의 군대에 의해 진압되었고, 잔혹한 처벌을 받
았다. 그리고 1709년 표트르가 폴타바에서 승리하여, 사실상
북방전쟁에서의 승리를 결정지으면서 농민들의 봉기는 잠잠
해졌다. 그러나 표트르의 반대 세력의 불만이 사라진 것은 아
니었으며, 다만 표트르의 카리스마에 눌렸고, 스웨덴군을 무
찌른 표트르의 강력한 군대 앞에서 감히 대들 엄두를 내지 못
했던 것이다. 이러한 상황 속에서 표트르의 개혁을 반대하는
세력들이 숨을 죽이고 있었지만, 이들은 일방적인 개혁에 단
지 침묵하지만은 않았다. 농민들은 소극적인 저항으로 납세와
부역을 회피하고 도주하는 등 소극적인 저항을 계속했다. 이
들의 불만은 당대에 만들어진 표트르에 관한 전설과 민담에
잘 표현되어 있다. 이들은 표트르를 적그리스도라고 생각했고,
페테르부르크를 적그리스도의 도시라고 부르기도 했다.

표트르에 대한 단상

　　표트르가 남긴 개혁을 공평하게 평가하는 것은 사실상 불가능하다. 당시의 러시아 사회가 가지고 있던 시대적 한계도 고려해야 하며, 각각의 개혁들이 이룬 성과도 달랐으며, 또한 관점에 따라 개혁들에 대한 평가도 다를 수밖에 없다. 그러나 분명 표트르는 위대한 군주였다. 표트르의 열정과 추진력이 아니었다면 당시 러시아가 처한 어려움 속에서 그토록 방대한 개혁을 추진할 수 없었을 것이다. 그리고 무엇보다 분명한 것은 표트르의 개혁은 러시아를 결정적으로 바꾸어 놓았다는 것이다. 18~19세기의 러시아 국가는 17세기와는 확연히 구분되는 표트르의 개혁에 기반하고 있다. 군사 조직, 함대, 행정 기구, 화폐 체계, 자연과학, 교육 제도, 신문, 역법 등 어느 것 하

네바 강을 바라보고 있는 표트르 청동 기마상.

나 표트르의 흔적이 남아 있지 않은 것이 없다. 그래서 19세기 러시아의 한 지식인은 이렇게 말했다. "공정히 말하자면 우리는 러시아를 '표트르 나라'라고 불러야 하며, 러시아인은 '표트르 사람'이라고 불러야 할 것이다."

표트르는 국가 전체를 포괄하는 방대한 개혁을 추진하는 데 있어 누구보다 솔선수범한 사람이었다. 표트르를 보여 주는 대표적인 동상은 아마도 페테르부르크의 원로원 건물 옆에 있는 표트르 청동 기마상일 것이다. 두 발을 높이 쳐든 말에 올라 네바 강변에 건설된 자신의 도시를 바라보는 표트르의 모습은 그의 지칠 줄 모르는 개혁의 정신을 느낄 수 있다. 그러나 청동 기마상에서부터 네바 강을 따라 표트르-파벨 요새 방향으로 내려오다 보면, 해군성 부근에서 또 다른 표트르의 모습을 만날 수 있다. 이곳에는 '차르-목수'라고 불리는 표트르의 동상이 서 있는데, 표트르가 도끼를 들고 손수 배를 만드는 모습을 담고 있다. 이 동상은 네덜란드가 러시아 함대 탄생 300주년을 기념하여 선물한 것인데, 표트르가 네덜란드의 조선소에서 목수로서 일했던 것을 상기시키고 있다. 직접 연장을 들고 노동을 마다 않는 제국의 통치자가 또 어디에 있겠는가? 표트르의 카리스마는 말을 타고 호령하는 차르의 권력에서 나온 것이 아니라 바로 직접 노동을 마다 않는 차르의 솔선수범에서부터 나온 것이다.

또한 표트르는 분명한 사명감을 가지고 있었다. 그는 단순히 서구의 문물을 모방하고 답습하는 취미가 있었던 것이 아니다. 그가 서유럽에 관심을 가졌던 이유는 서구의 선진 문물을 도입하여 러시아를 부강한 국가로 만들려는 분명한 목표가 있었기 때문이다. 그는 처음에는 어쩔 수 없이 실력과 경험을 겸비한 많은 외국인들을 국가 요직에 기용했지만, 점차 교육을 통해 러시아인을 양성하여 외국인을 대체했다. 그리고 표트르는 이러한 부강한 국가를 만들기 위해 러시아 전 지역을 돌아다니고, 두 번씩이나 유럽을 방문하여 유럽의 문물을 살피고 직접 실용 기술을 배운 위대한 지도자였다. 표트르는 군대를 개혁할 때도 '차르를 위하여'라는 문구를, '국가를 위하여'라는 문구로 바꿀 정도

손수 배를 만들고 표트르의 모습을 보여 주고 있는 차르-목수상

로 절대 군주인 자신도 국가의 종복임을 분명히 했다. 그는 죽음을 앞두고도 국가를 걱정하는 말을 남겼다. "적을 막는 국가의 방위는 안전하게 해 놓았으니, 이제 예술과 학문을 통해 국가의 영광을 위해 노력해야 한다."

물론 모든 위대한 개혁이 그렇듯이 표트르의 개혁도 긍정적인 측면만 있었던 것은 아니었다. 표트르가 의도한 바는 아니었지만, 표트르 사후 러시아 사회는 다르게 전개되었다. 표트르가 생각하는 러시아 사회는 차르를 지도자로 하여 귀족들은 사회의 지도층으로 각 분야에서 평생 봉사하며, 농민들은 자신이 속한 토지에서 열심히 일하여 귀족들의 생계를 책임지고 국세를 납부하며 군역에 충실함으로써 국가에 충성을 다하는 사회였다. 그러나 표트르 사후에 귀족들은 점차 표트르가 정한 봉사의 의무에서 벗어났고, 최고의 특권계급으로 변질되었으나, 농민들은 고삐 풀린 귀족들의 권력에 더욱 종속되었다. 농민들이 농노제에서 벗어난 것은 1862년에 와서나 가능했던 것이며, 그 후에도 충분한 토지를 받지 못하여 자립하기 어려웠다. 표트르 사후에 전개된 상황이 차르와 귀족, 농민 등 모든 신분이 국가에 봉사하는 체제로 나가지 못하고, 농민들이 그 엄청난 짐을 져야 하는 상황으로 전개되었지만, 이 모든 것은 표트르가 의도한 것은 아니었고, 표트르가 후대의 일까지 책임질 수는 없을 것이다. 그러나 강력한 국가를 꿈꾸며, 평생을 노력했던 위대한 군주에게도 결정적인 부족함이 있었다. 즉, 표트르는 부강한 국가는 보았지만, 그 안에서 살아가는 인간을 보지는 못했던 것이다. 따라서 그의 개혁에 국가에 대한 이상은 선명했으나, 인간에 대한 애정은 흐릿했다.

표트르는 쉰두 살의 나이였던 1724년 11월 초에 보트로 핀란드 만을 이동하던 중에 조난당한 다른 보트를 보고 직접 물에 뛰어들어 사람들을 구조했다. 초겨울 북방의 바닷물은 차디찼다. 표트르는 따뜻한 옷으로 갈아입고 잠들었으나, 얼마 되지 않아 오한이 그를 엄습했고 복통 증세도 나타났다. 그의 지병이었던 요도 결석 증세가 악화되었던 모양이다. 수많은 죽을 고비 속에서도 살아났던 불굴의 표트르는 다시 회복하는 듯했으나, 1725년 초에 불꽃놀이에 참석하기 위해 네바 강가로 나갔다가 그만 독감에 걸리고 말았다. 더구나 표트르의 지병이었던 방광의 염증이 더욱 악화되어, 더 이상 손 쓸 수 없는 상태가 되었다. 결국 1월 27일 표트르는 종부성사를 받고 신에게 기도했다. "오 나의 하느님! 저는 국민의 이익을 위해서 어쩔 수 없이 수많은 죄를 지었는데 용서해 주실 줄 믿습니다." 그리고 다음 날 표트르는 쉰세 살의 나이로 세상을 마감했다. 표트르는 자신이 건설한 페테르부르크의 표트르-파벨 교회에 묻혔다. 표트르의 개혁은 수많은 백성들의 고통을 필요로 했다. 그러나 표트르 역시 목숨을 걸고 개혁을 위해 매진했다. 그리고 후손들에게 자유롭고, 부유한 국가는 아니지만, 강력한 러시아를 유산으로 남겨 주었다.

1) 당시 러시아를 포함한 발트 지역의 국제 결제 화폐는 탈러화라고 불리던 은화였는데, 이는 오늘날의 달러와 같은 역할을 했다. 그리고 달러라는 말 역시 탈러에서 유래했다.

2) 러시아어로 차르(царь)와 임페라토르(император)는 똑같이 황제라는 뜻이지만, 각 칭호가 가지는 함의는 다르다. 차르는 모스크바 제국의 황제라는 이미지를 가지고 있으며, 임페라토르는 유럽에 속한 러시아 제국의 황제를 의미한다.

3) 표트르를 차르로 결정한 모임이 '전국회의(земские соборы)'가 아니었다고 주장하는 학자들도 있다. '전국회의'는 16~17세기 모스크바 국가의 중요한 정치 형태 가운데 하나로 차르가 소집했으며, 차르 부재 시에는 총대주교나 대귀족 회의에서 소집했다. 전국회의에는 대귀족, 소귀족 대표, 고위 성직자, 시민 대표가 참여하여 국가의 중요한 결정을 내렸다.

4) 카자크는 러시아 중앙에서 도주하여 국경 지대에서 모여 사는 자유민을 말한다. 이들은 자치권을 가지고 있었으나, 군사적으로 러시아에 협력해야 했다.

5) 케빈 크로슬리 홀린드, 서미석 옮김, 『북유럽 신화』, 현대지성사, 2007, 7쪽.

6) 나르바와 타르투 모두 오늘날 에스토니아에 속해 있는데, 타르투가 더 서쪽에 있기 때문에, 표트르가 타르투를 점령함으로써 스웨덴군이 주둔하고 있는 나르바는 자기편과 분리된 것이다.

7) 그로드노 성은 네만 강변에 있는 요새로 북서쪽에서 러시아로 진격하기 위해 거쳐야 하는 관문이었다.

8) 러시아 이름 표트르는 베드로를 의미한다.

9) "유럽을 향해 열린 창"이라는 유명한 문구는 원래 1739년 페테르부르크를 방문했던 이탈리아 시인 프란체스코 알가로티가 처음으로 썼다. 그는 "페테르부르크는 러시아가 유럽을 바라보는 창이다(Petersbourg est la fenetre par laquelle la Russie fregarde en Europe)"라고 썼는데, 푸시킨은 "자연은 우리가 바로 이곳에 유럽을 향해 창을 뚫도록 운명 지었다(Природой здесь нам суждено В Е

вропу прорубить окно)"라고 읊었다.

10) 알렉산드르 푸시킨, 석영중 옮김, 『예브게니 오네긴』, 열린책들, 2001.

11) 18세기 초 러시아 은화 1루블은 국제 시장에서 대략 네덜란드 은화 54스타이버와 교환되었다. 한편 1탈러는 50스타이버였고, 24.686그램의 순은을 함유하고 있었다. 그리고 당시 은과 금의 교환비율은 대략 1대 15였다. 본문에 제시한 수치들은 이러한 당대의 통계 자료를 2009년도 1월의 국제 금 가격과 달러 및 원화 환율을 고려하여 계산한 것이다.

참고문헌

마시 로버트, 민평식 옮김, 『피터대제: 그의 생애와 세계』, 병학사, 1883.

박지배, 「뻬제르부르그의 발전과 러시아 경제」, 『외대사학』 9집, 1999.

랴자노프스키 니꼴라이, 이길주 옮김, 『러시아의 역사Ⅰ: 고대~1800』, 까치, 1991.

푸쉬킨 알렉산드르, 석영중 옮김, 『예브게니 오네긴』, 열린책들, 2001.

크라크라프트 제임스, 이주엽 옮김, 『표트르 대제: 러시아를 일으킨 리더십』, 살림, 2008.

Анисимов Е. В., *Время петровских реформ*, Л, 1989.

Витязева В. А., *Кириков Б. М, Ленинград*, Л., 1986.

Сербина К. Н. "Историо географический очерк рай она Петербурга до основания города", *Очерки истории Ленинграда*, Т.1.,М. Л., 1955.

Синдаловский Н. А., *Легенды и мифы Санкт Петербурга*, СПб., 1996.

Сукновалов А. Е., "Экономическая жизнь Петербурга до 60 х годов XVIII в.", *Очерки истории Ленинграда*, Т.1.,М. Л., 1955.

Георги И. Г., *Описание россий ской императорского столичн ого города С. Петербурга и достопамятностей в окрест ностях оного*, с планом, СПб., 1794.

Даринский А. В., *Страцев В. И. История Санкт Петербурга XVIII XIX вв.*, СПб., 1999.

Есипов Г., "Освобождение царицы Евдокии Федоровны", *Рус ский вестник*, Т. 28, 1860.

Кафенгауз Б. Б., *Россия при Петре первом*, М., 1955.

Кочин Г. Е., "Население Петербурга до 60 х годов XVIII в.", *Очерки истории Ленинграда*, Т.1, М. Л., 1955.

Миронов Б. Н. "Влияние революции цен в России XVIII века на ее экономическое и социально политическое развит ие", *История СССР*, No. 1, 1991.

Миронов Б. Н., *Хлебные цены в России за два столетия. (XVIII XIX вв.)*, Л., 1985.

Павленко Н. И., *Петр Великий*, М, 1994.

Павленко Н. И. (Ред.) *Россия в период реформ Петра I*, М., 1973.

Павленко Н. И. "Торгово промышленная политика правите льства России в первой четверти XVIII века", *История С ССР*, No. 3, 1978.

Репин Н. Н., *Внешняя торговля и социально экономическое развитие России в XVIII в. (Архагелогородский и Петер бургский порты)*, Омск, 1989.

Тельпуховский Б. С., *Северная вой на*, М., 1946.

Очерки истории СССР. XVIII в. первая четверть, М., 1954.

Юхт А. И., *Русские деньги от Петра Великого до Александра I*, М., 1994.

Attman, Arthur "The Russian Market in World Trade 1500~1860", *Scandinavian Economic History Review* 29, no.3, 1981.

McCusker John J. *European Bills of Entry and Marine Lists: Early Commercial Publications and the Origins of the Business Press*, Mass., 1985.

Park Ji-Bae "Russian Exports to Western Europe with Special Focus on Trade with Great Britain (1761~1800)", *Western History Essay of Kansai University*, Vol.7, 2004.

Storch H., *Historisch statistische Gemalde des Russischen Reichs. Supplementband zum funfen, sechsten und siebenten teil*, Leipzig, 1803.

표트르 대제 강력한 추진력으로 러시아를 일으키다

펴낸날	초판 1쇄 2009년 3월 25일
	초판 3쇄 2015년 1월 14일

지은이	박지배
펴낸이	심만수
펴낸곳	(주)살림출판사
출판등록	1989년 11월 1일 제9-210호

주소	경기도 파주시 광인사길 30
전화	031-955-1350 팩스 031-624-1356
기획·편집	031-955-4671
홈페이지	http://www.sallimbooks.com
이메일	book@sallimbooks.com

ISBN	978-89-522-1112-5 04080

※ 값은 뒤표지에 있습니다.
※ 잘못 만들어진 책은 구입하신 서점에서 바꾸어 드립니다.

085 책과 세계

강유원(철학자)

책이라는 텍스트는 본래 세계라는 맥락에서 생겨났다. 인류가 남긴 고전의 중요성은 바로 우리가 가 볼 수 없는 세계를 글자라는 매개를 통해서 우리에게 생생하게 전해 주는 것이다. 이 책은 역사라는 시간과 지상이라고 하는 공간 속에 나타났던 텍스트를 통해 고전에 담겨진 사회와 사상을 드러내려 한다.

056 중국의 고구려사 왜곡   eBook

최광식(고려대 한국사학과 교수)

중국의 고구려사 왜곡의 숨은 의도와 논리, 그리고 우리의 대응 방안을 다뤘다. 저자는 동북공정이 국가 차원에서 진행되는 정치적 프로젝트임을 치밀하게 증언한다. 경제적 목적과 영토 확장의 이해관계 등이 복잡하게 얽혀 있는 동북공정의 진정한 배경에 대한 설명, 고구려의 역사적 정체성에 대한 문제, 고구려사 왜곡에 대한 우리의 대처방법 등이 소개된다.

291 프랑스 혁명   eBook

서정복(충남대 사학과 교수)

프랑스 혁명은 시민혁명의 모델이자 근대 시민국가 탄생의 상징이지만, 그 실상을 아는 사람은 많지 않다. 프랑스 혁명이 바스티유 습격 이전에 이미 시작되었으며, 자유와 평등 그리고 공화정의 꽃을 피기 위해 너무 많은 피를 흘렸고, 혁명의 과정에서 해방과 공포가 엇갈리고 있었다는 등의 이야기를 통해 프랑스 혁명의 실상을 소개한다.

139 신용하 교수의 독도 이야기   eBook

신용하(백범학술원 원장)

사학계의 원로이자 독도 관련 연구의 대가인 신용하 교수가 일본의 독도 영토 편입문제를 걱정하며 일반 독자가 읽기 쉽게 쓴 책. 저자는 역사적으로나 국제법상으로 실효적 점유상으로나, 어느 측면에서 보아도 독도는 명백하게 우리 땅이라고 주장하며 여러 가지 역사적인 자료를 제시한다.

144 페르시아 문화

eBook

신규섭(한국외대 연구교수)

인류 최초 문명의 뿌리에서 뻗어 나와 아랍을 넘어 중국, 인도와 파키스탄, 심지어 그리스에까지 흔적을 남긴 페르시아 문화에 대한 개론서. 이 책은 오랫동안 베일에 가려 있던 페르시아 문명을 소개하여 이슬람에 대한 편견과 오해를 바로 잡는다. 이태백이 이란계였다는 사실, 돈황과 서역, 이란의 현대 문화 등이 서술된다.

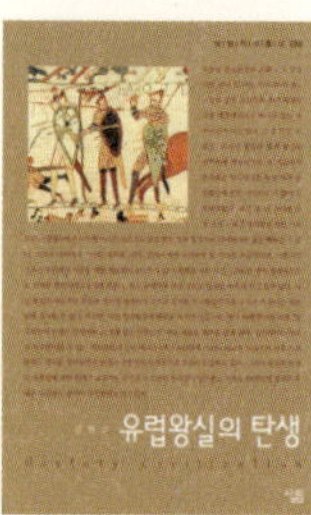

086 유럽왕실의 탄생

김현수(단국대 역사학과 교수)

인류에게 '예술과 문명' 그리고 '근대와 국가'라는 개념을 선사한 유럽왕실. 유럽왕실의 탄생배경과 그 정체성은 무엇인가? 이 책은 게르만의 한 종족인 프랑크족과 메로빙거 왕조, 프랑스의 카페 왕조, 독일의 작센 왕조, 잉글랜드의 웨섹스 왕조 등 수많은 왕조의 출현과 쇠퇴를 통해 유럽 역사의 변천을 소개한다.

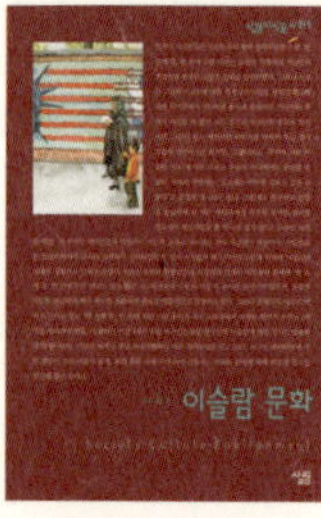

016 이슬람 문화

이희수(한양대 문화인류학과 교수)

이슬람교와 무슬림의 삶, 테러와 팔레스타인 문제 등 이슬람 문화 전반을 다룬 책. 저자는 그들의 멋과 가치관을 흥미롭게 설명하면서 한편으로 오해와 편견에 사로잡혀 있던 시각의 일대 전환을 요구한다. 이슬람교와 기독교의 관계, 무슬림의 삶과 낭만, 이슬람 원리주의와 지하드의 실상, 팔레스타인 분할 과정 등의 내용이 소개된다.

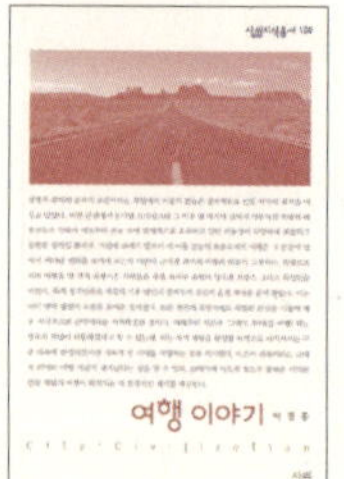

100 여행 이야기

eBook

이진홍(한국외대 강사)

이 책은 여행의 본질 위를 '길거리의 철학자'처럼 편안하게 소요한다. 먼저 여행의 역사를 더듬어 봄으로써 여행이 어떻게 인류 역사의 형성과 같이해 왔는지를 생각하고, 다음으로 여행의 사회학적 · 심리학적 의미를 추적함으로써 여행에 어떤 의미를 부여할 것인가에 대해 말한다. 또한 우리의 내면과 여행의 관계 정의를 시도한다.